Sebastian Virdung

Musica

Transkriptionen und Erklärungen durch Sebastianu Virdung Priesters von Amberg

Sebastian Virdung

Musica
Transkriptionen und Erklärungen durch Sebastianu Virdung Priesters von Amberg

ISBN/EAN: 9783743679207

Hergestellt in Europa, USA, Kanada, Australien, Japan

Cover: Foto ©Thomas Meinert / pixelio.de

Weitere Bücher finden Sie auf **www.hansebooks.com**

Musica getutscht vnd auß gezogẽ durch Sebastianũ virdung Priesters von Amberg vnd alles gesang auß den notẽ in die tabulaturẽ diser benantẽ dryer Instrumentẽ der Orgeln: der Lauten: vnd d Flöten transferieren zu lernẽ Kurtzlich gemacht zu erendẽ hochwirdigẽ hoch gebornen fürsten vnnd herren: herr wilhalmen Bischoue zū Strasburg seynem gnedigẽ herren.

En hochwirdigen hochgebornen fürsten vñ
herren herrē Wilhelmen Bischoue zů Straßburg / vnd Landgraff
im Elsaß / seinem gnedigsten herren / entbeut Sebastianus vir
dung priester vō Amberg / sein willig vnderthenig dienst Hochwir
diger in gott vater hochgeborner fürst Gnediger herr / als üw er
fürstliche gnade vor einem jar vergangen vff dem nechst gehalten reichs tag zů
Augspurg mein gedicht der deutschen musica gesehen vnd begert hatt / vnd ich
ouch so der offt durch üwer fürstlichen gnaden Caplan meine alten schůlgesellen
ersůcht inschrifften vnd sunst andern mündliche Botschafften ermanet bin wo/
den vnd gefragt / wañ ich doch fertig seye mit dem drůck das ich es auß laß gan /
So mir aber grosse arbeit vnd offten teglich darinn gart / dar durch solichs so lāg
verzogen vnd verhalten wirt Dass ich gedacht ein cleins tractetlin auß dē gůten
Büch auß zů ziehen / eine gůte freund genāt Andreas Silvanus / zů ließ vñ dienst
der mir fast darum angelegen ist / Vnd so ich solichs verfertigt hab / so will ich
üwer fürstlich gnad zů vor an mit dem selben vereren üwer fürstlichen gnaden
das selbig dediciren / intitulieren zůschreiben / vnnd in üwer fürstlichen gnaden
namen vnd ere auß lassen gan / das ich dañ üwern fürstlichen gnaden hie zů ge
gen presentiere vñ über antwurt / Bit hie mit üwer fürstliche gnad / solichs myn
Büchlin in allen gnaden vff zenemen vnns Biß ich mit dē andern fertig wirde / so wil
ich als dañ ds selbig üwer fürstliche gnade ouch zů send . Damit befilh ich mich
A ij

inwer fürstlichē gnaden alweg mir aller demüt vnd vndertenikeit. Geben zü Basel vff zinstag Margarethe. Zusent fünffhundert vnd. xi. Jar

Latus populus qui scit iubilatione. psal. lxxxviii. Dise wort hat d' heilig prophet David gesagt in dem angezeigtē psal. vnd synd das die wort in dem teutschen also/ Selig ist das volck/ welichs kan die inBilierung/ in disen worten verheist der prophet disem volck oder den menschē selig zü syn/ welche die frolockung künnē/ vnnd an dem.cciiii.psal.Beruft er vns alle vnd spricht/ Iümēt erhebt euch in dem herren/ vn froloctendr got vnserm heyle vnd frolocētēt in dē psalmen/ Soliche wort zü bedrachten/ so sind ich d's zweyerley frolockūg ist/ die erst heist Jubilatio contemplatiua/ oder die inBrünstig frolockūg des berges in got/ die ander heist Jubilatio actiua/ das ist ein würckliche frolockung/ von der erstē frolockung/ das ist der inBrünstigē frolockung des betens in got/ hat cristus in euangelio von maria magdalena gesprochen. Maria hat das Besser teyl erwelet/ darumb wir auch die selbig hoher vnnd Besser achten sollen dan die würcklich/ aber die erst trifft mer dye Teology an/ dan die r.xstica. Darum ich hie zü gegen nummer dar von wil schreiben/ sunder d's den doctoriBus der heiligen schafft/ vnd den geistlichen in den orden Befolhen/ So aber der herr cristus/ dannest auch die würcklich güt hat/ von martha angenomen hat/ vnnd wir die zu offt vnd dick in der heilige schafft zü dem dienst vnd lobe gottes/ ermanet/ gfordert/ vnd gluch schier genotet werden/ vnd erzelet/ wer yn als loßen soll

In dem psalm. Laudate dñm de celis.cl.viij. vnd rahet an den engeln an/vñ spricht Lobē den herren all ſyn engeln/Lobent in alle ſyne krefftt/Lobēt in Sunn vñ mone/Lobent in alle ſterrn vñ liechtern-cxlix. Singent dem herrē ein nůw geſäg/ ſyn lob ſoll ſein in der heiligen gantzen criſtlichen kirchen. Sie ſollen ſynen namen in Choroloßē/in Zympano vnd in dem pſalter ſollen ſye im pſallieren/Dañ es iſt ein wolgefallen dem herren in ſynem folck/vnd bernach.pſal.cl. Lobent in in dē ſtym der Trůmeten/Lobent in in dē Pſalterio vñ der harpfen/Lobent in in dē Zympano vñ Choro/Lobēt in in den ſeytē ſpilē/vñ Digeln/Lobent in in den wolllautenden Zymeln/Lobet in in dem hymeln der frolockungen/vnd darnach/ pſal.xcvij. Pſallieret dem herren in der harpfen vnd in der ſtym der pſalmen/ Lobēt in in dem zehenden Buſaunē/vñ in der ſtym der hörner Trumeten. Darnach in dem .xcj. pſalm ſpricht er wit ſollen yn loben in dem pſalterio von zehē ſaiten/mit dem geſang vnd mit der harpfen/vnd an einem andern ende ſagt er/mā ſoll in loßē in Teomenia tuba/Das iſt mit dem Zůrnethorn/do mit man dē tag vnd die nacht an plaſet/Auß diſen wortzen allen des propheten/mögen wir mercken/wie er alle creaturen ermanet/gott den herrē zeloben/vnd ſagt mit welch= erley inſtrumenten/man den herren loben ſoll/vnd erzelet die ſelßen/vnd nennet ir etlichs mit ſynē eygenē namen/Vnd ſpricht ſunderlich zů denen prieſtern/ vnd geyſtlichē/ir die das ſtende/in dem hauß des herren/vnd in den fürſchopffen des hauß vnſers herr gottes Sollent/tag vnd nacht vwer hend zů gott vff hebē/

vnd got den herren loben/ Vnd so wir aber all sampt gepzechliche creaturē von gotes erschaffen synd/ mögen wir nit alle sampt/ zů aller zyt/ der inbzůnfflicher frolocfung geleßen/ So ist vns doch an so vil enden gebotten vnd geheissen/ got dē herren würcflich das ist in den instrumentē zů frolocfig/ vnd haisset vnd gebeütet das einem ganzen volcf/ dar bey sollen wir versthon/ das es nit alleyn von einem menschen/ sunder von allen crisfglaubigen begert/ vnd die selben darinn in dem anfang selig haisset/ die solichs künnen/ Damitt aber der selben desser mer werden/ die das lernen/ hab ich ein cleins treattlin acgfangen/ ein wenig von den selben instrumenten zůschzeyben/ den jhenen/ die sich solcher verheissenen seligkait wöllen taithafftig machen/ Darauff siett was cleins/ oder wenigs zů einem fundament/ oder anfang der instrument mögen nemen/ darauff zů lerne/ die verheissen ewig seligfeit mit zů erlangen/ Darumb wöllen wir mitt dem propheten Esaia sprechen an dem .xxxiii. capitel. Herr/ nach mich selig/ vnd so wellen wir vnser psalmodey/ alle vnser lebtag singen in dem hauß des herren Darzů helff vns allen die hochwirdige ewige ienfche vnd reyne magt/ die zart innckfraw vn mütter gottes die himlische küntgin maria Amen

Hie nach wirt herr Basfian von Andrea Siluano dem musico mitsollichen nachfolgenden wozten empfangen.

Ein lieber herr Bastian Biß mir gotwilllum zů tausent malen Se-
banck solln haben mein lieber. A. wie gar es die mein lieber Bastian
Ges. Got banck dir friegens es gat mir noch wol von den gnaden got=
tes. A. lieber sag mir wo bist du so lang gewesen Se. ich hab gesůcht
erfaren/vnd gefunden das ich lang zeit irre bin gangen A. was ist das
der beschaulichen/gebzauchlichen/vnd instrumentischen musica. A. ich haß wol
vernomen/wie das du lange zyt mit vnd fryst gangen etwas niwes vnd seltzas
zů machen/was es aber sey/das ist mir nit wissent/Darumb so es dich nit besun=
der hele neme/so wolt ich dich geren bitten/das du mir das sagtest vnnd zeigtest.
Se. Ich wer dir wol geneigt in dem vnd noch vil grossserem zů willfarn/so ferre
es mir kein nachteill brecht. A. lieber ich sag dir bey glauben es sol on allen deyn
schaden syn laß mich es sehen Se. Es nympt vil můe/vnd über sehes/auch ver
staß du des teütschen gedichtes/vnd der reymen nit so vil als der latinischen poe
trey/wiltu aber kurtz das gemel der figuren übersehen daß kan ich dir nit wol ver
sagē/Aber wolwst du es alles vbarlesen das wurt vil zů lang. A. lieber laß michs
nit me dann kurtzlich übersehen Se. wol an/so nym es hyn vnnd beshe es wolt
A. lieber du hast vil hübsche gemeles in dem Bůch/was thůst du dar mitt Se.
Es sind vil figuren vnd historien von der erfindung oder von dem berkome̅ der
musica/auß der Babeln/vnd der poeten/auch der cristlichen leret. A. Was trint
dan̄ die Oageln/Pfeiffen/Laute̅/Geige̅/vnd ander instrumēt in dē Bůch gemalet

Se. Die musica hat vii außteilung vnd der glider eines/ist võ der musica der instrument/darumb so werden die selbẽ zu iren namen gemalet/vff das/das sye besser kentlicher/einem yetlichen anschauwenden werden. A. wie vil synd dann der selben instrument. Se. Du mußt das glid der musica von den instrumenten dreyerley geschlecht auß teylen/so magst du mich recht verstan. A. welliches synd die selben drey geschlecht. Se. Das erst ist aller der instrument die mit seyten bezugen werden/vnd die heisset man alle seyten spill/Das ander geschlecht aller der instrument die man durch den windt Lauten oder Pfeiffen macht. Das dritt geschlecht ist aller d' instrumẽt/die võ den metallẽ oder ander clingendẽ materien werden gemacht. A. Das kan ich nit wol verstan Bericht mich bas. Se. Wol an ich will dir ein andere außteilung machen/Des erstẽ geschlechtes der satten spill/Etlich die haben schlüssel vnd nach dem selben mag man sye reguliren/vnd dan nach der regel/ vff den selben spilen lernen als zu glicher weyß die instrumenten mit den clauieren synd.

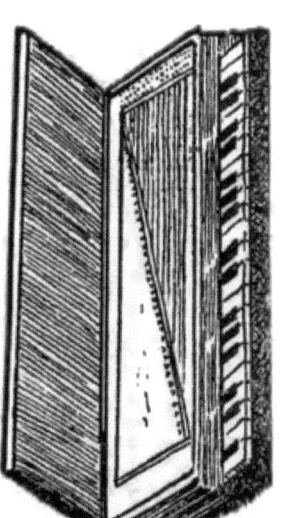

Virginal

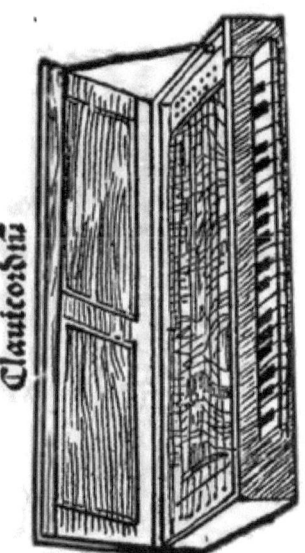

Clauicordiũ

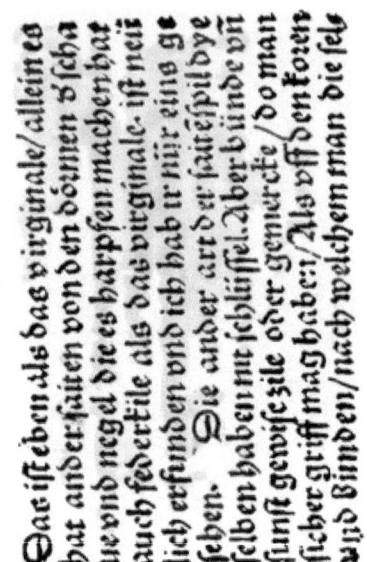

Lyra

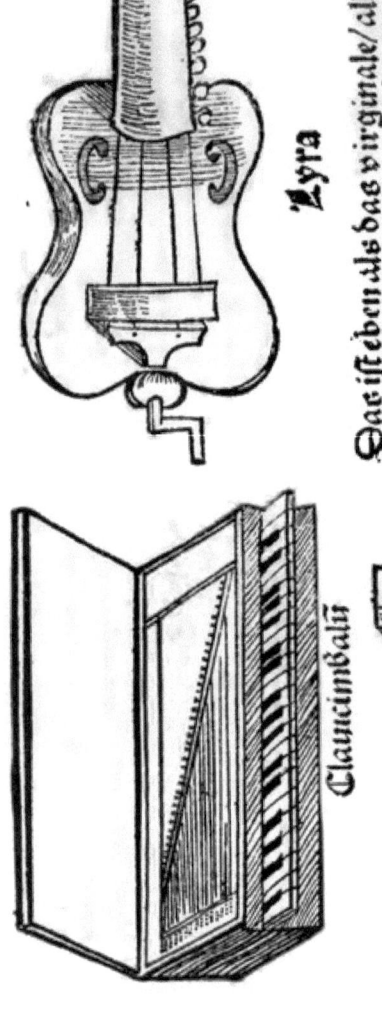

Clauicimbalū

Clauiciteriū

Das ist eben als das virginale/ allein es hat ander saiten von den dörnen ſscha ue vnd nege dies es harpfen machen hat auch federkile als das virginale. ist neü lich erfunden vnd ich hab ir nür eins geſehen. Die ander art der ſaitenſpil dye ſelben haben nit ſchlüſſel. Aber bünde vn ſunſt gewiſſe zile oder gemercke/ do man ſicher griff mag haben/ Als auff den koren vnd bünden/ nach welchem man die ſel

ben auch mag regulieren vnd beschreiben dar vff zů lernen/ Als dise instrument
haben die hernach folgen.

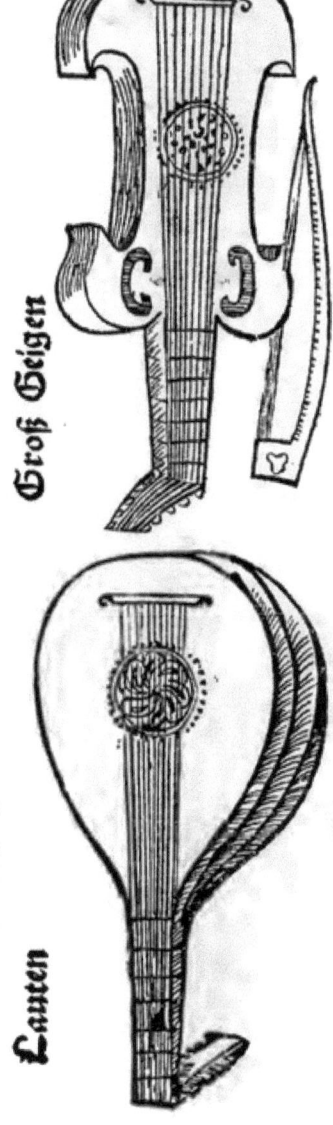

Lauten   Groß Geigen

Quintern

Dye dritt art der saiten spiel dye haben
auch kör der saiten vnd nach den selbē
kören mag man sye auch regulieren vnd
Beschreiben dar vff zů lernen/ Als dye na
chfolgende instrument synd.
  Die fiert art der saiten spill/ die habē
nit Bünde/ auch nur eynen oder zwen ko
re/ oder drey vff das maiste/ vnd nit dar
über/ Darumb sye nit so eygentliche zů
regulieren vnd zů beschryben synd/ dar

B ij

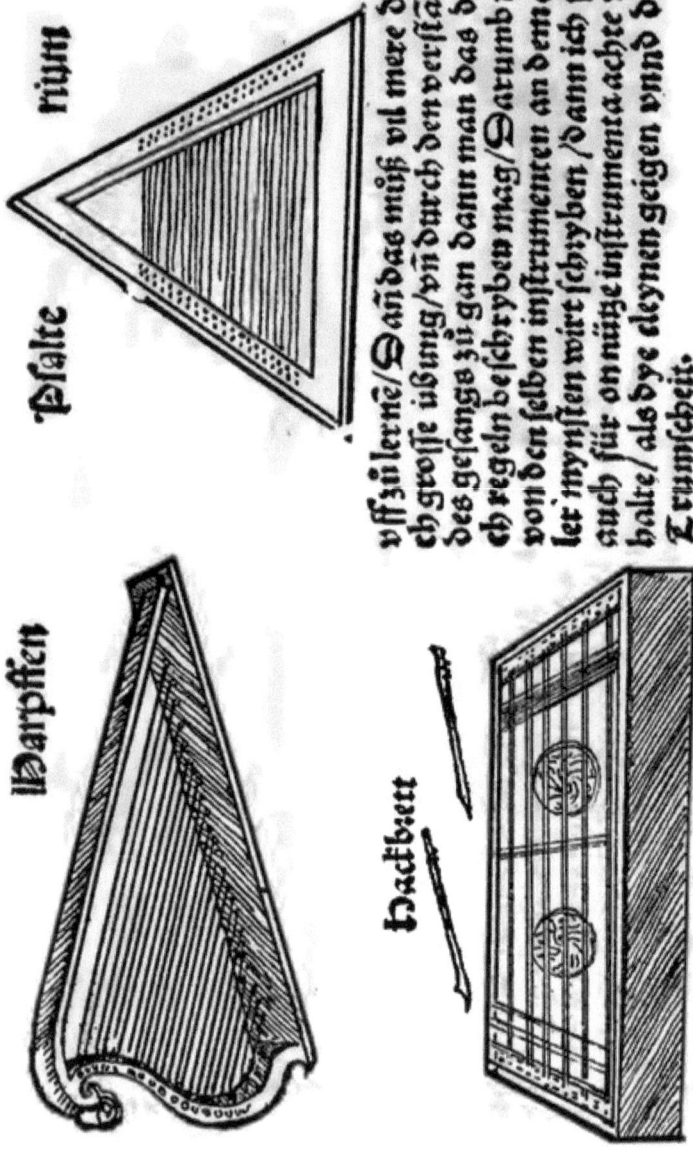

uff zů lernē/ Sañ das müß vil mere dur
ch grosse übung/ uñ durch den verstand
des gesangs zů gan dann man das dur
ch regeln beschryben mag/ Darumb ich
von den selben instrumenten an denal
ler mynsten wirt schryben/ dann ich sye
auch für onnütze instrumenta achte vñ
halte/ als dye cleynen geigen vnnd das
Trumscheit.

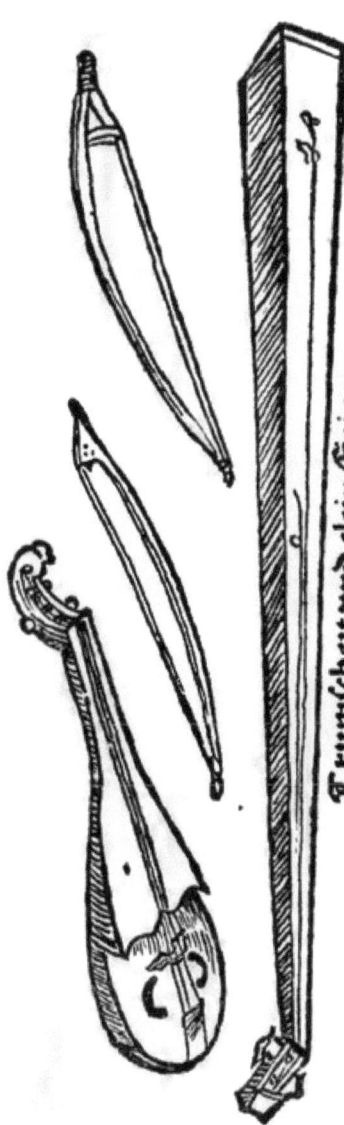

Trumschert vnd clein Geigen

Des zweyten geschlechts instrumenta der Musica/ist der lay/welche von dēhalten roren/vnd durch den wīndt geplasen werdē/Der sind ich auch zweyerley art syn/Der roren synd etliche/welchen der mensch wīndts genůg mag geben/oder die ein mensch erplasen mag/Etliche aber mag kein mensch erplasen/Zů dē selben můß man plaßpelge haben Der ersten art von den bole rorē/die der mensch erplasen mag dʒ synd auch zweyerley/Etliche roren die haben löcher die tůt mā mit den fingern off vnd zů/vnd so vil sye der löcher mer habē/so vil deßter besser vnd gewiser mag man sye reguliern/Doch hat selten eyn pfeiff über acht löcher Etlich synd aber nur von dryer löchern/Etlich von fiern/etlich vō fünffen/etlich von sechsen/etlich von sibnen/etliche von achten.

B iij

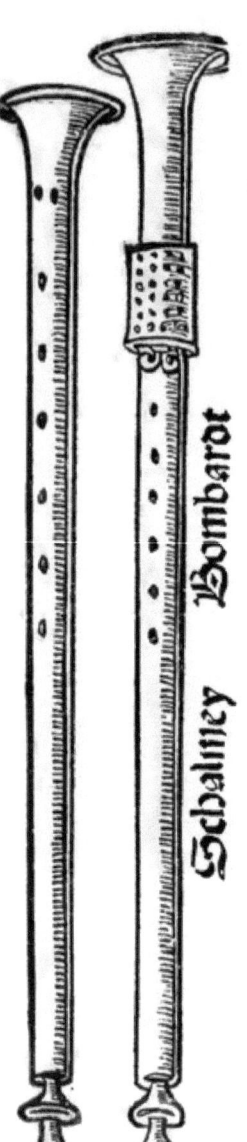 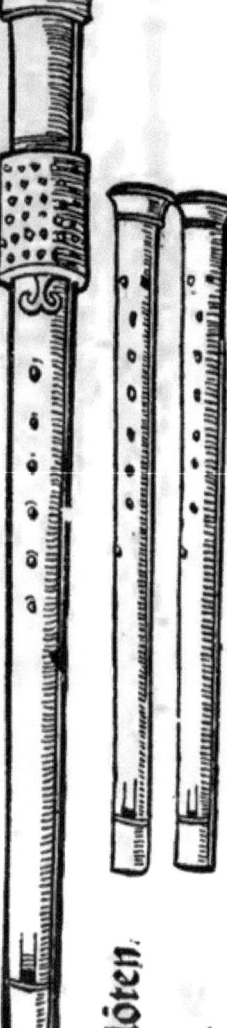

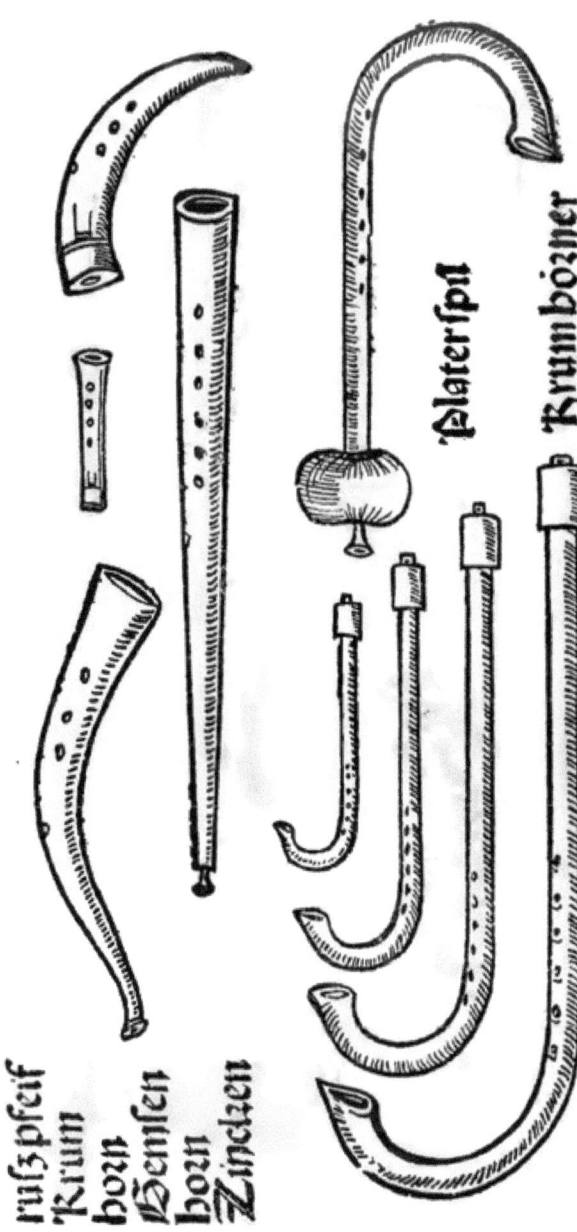

Die ander art des zweite geschlechts ist in den hoheroren dienit gelöchert synd/
die doch ein mensch erplasen mag welche aber von den selben zu regulieren synd vñ
wie man dar auff lernen werd mag dar von wil ich die nimer sagen aber in de
andern büch wil ich etwas hüpsch an ongehörtes dar von sagen vnd schryben

Sackpfeiff   Buſaun·   Felttrumet·

Clareta

Thurner horn

Des selbigen zweyten geschlechts der holen eroz/ ist die ander art von den instrumenten/ welchen der mensch durch sich selb mit winde genüg mag geben oder die ynement erplasen kan/Das synd alle dye instrumenten/Dar zu man pfeyffen haben muß.

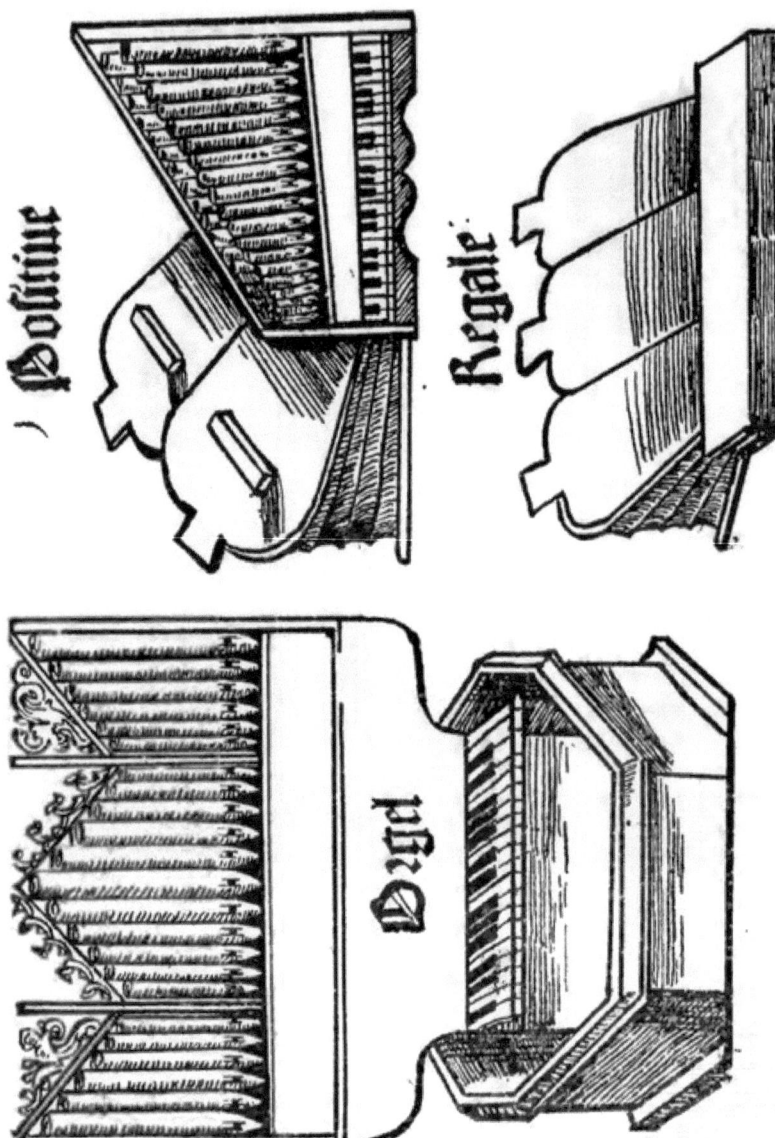

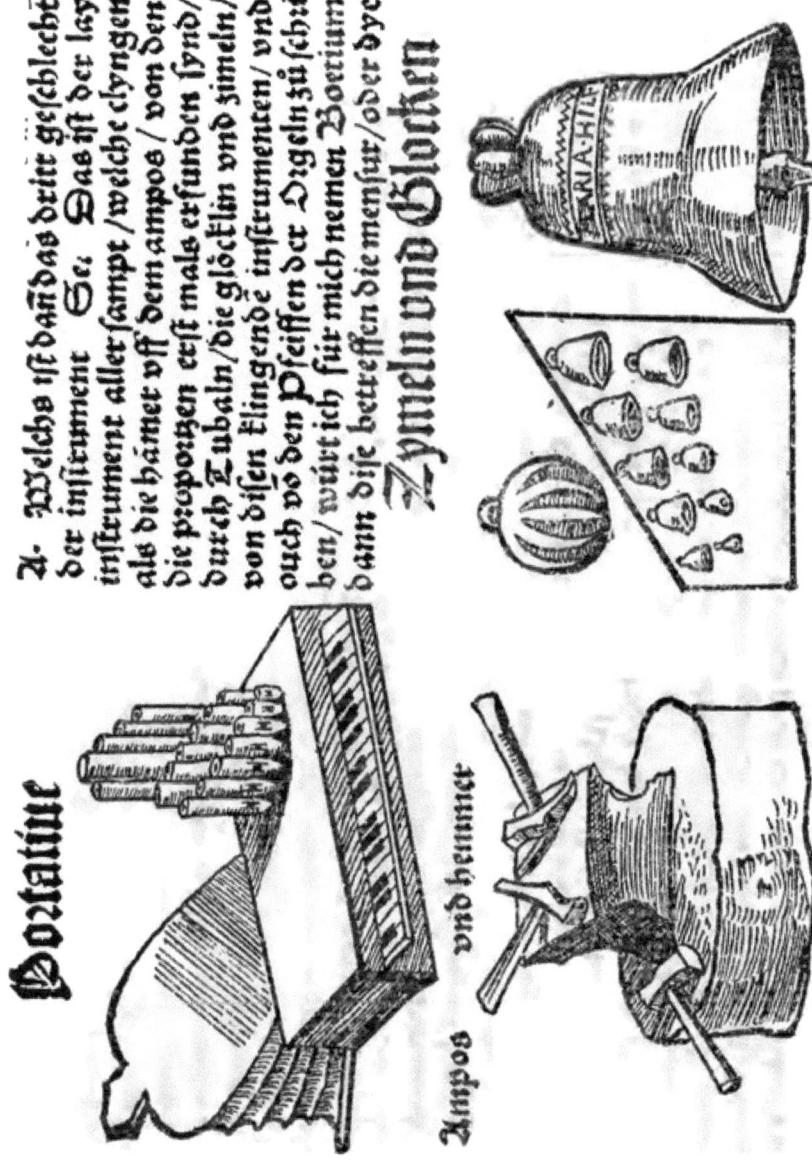

außmessung der roren/ Duch das gewicht der metalle/Als der hamer/ vnd das wirt durch die bschaulikeit der proporzen auff getruckt/vñ võ dē selbē gar nichs geschaßen/Sunder in das gantz werck behalten/Darumb mich will bedunckē dir sey zů diſem mal gnůg gesagt/von der instrumentiſchen Muſica/ auch von den geschlechten vnd glidern/der selben instrumenten .X. Die außteilung aller instrumēt/in dreyerley geschlecht/bedůckt mich gar zů kurtz syn/das ich noch gar vil instrumenta Musicalia das geschen/beschrißen/vnnd gemalet/Als ich opera sancti Dieronimi zů wegen pracht/Darinn find ich einen tractat/den der heilig vatter ad Gardanum/in der ein vñ sechtzigiſten Epiſtel geschriben hart de genetribus Muſicoꝛū vil seltzamer figuren/oder formen/der instrumēt ouch von vil seltzamern andern namen/dañ du den instrumentē hie zů gegen haſt gezeben/Darumb/so du doch von den instrumentē allen vñ ietliche insunderheit wilt schrybē/So will dir auch gebůrn/die ſelben mit das hindern zů laſſen/zů verschwygen/oder zů verbergen Se. Ich hab der selben instrumēt Duch etlich gemalet vñ beschaiben geſehē/durch myne meiſter ſeligen Johāne de zinſato dꝛoctor der artzney/in einem groſſen bergamenen bůch/das er selb cōponiert vñ geschriben hat/Aber ich hab für war zů der ſelben zyt/des nicht geachtet/Bin ouch lang an dem selben endt nit geweſen/so das bůch iſt/ich glaub ouch das keinē ſich ietz lebe/der die ſelben instrument gemacht/geh̄oꝛet/oder geſchen hab/dann die ſelben synd nů mer in dem gebꝛauch/yedoch wolt ich ſyegern ſehen/noch vil

lieber hören/vnd aller liebſt wiſſen was ſye hetten bedeutet/dann was Victori‐
nus von den dingen hat geſchriben/das muß alles ein andern gaiſtlichen ſynn
haben/Darumb.rc̃. ·A· Ich kan dir der inſtrument keins gemacht zeigen/
Ich will dar aber wol ein altes Büch für legen/darin ſye gemakt ſynd/auch ettli‐
cher maſſ beſchriben/waiſſ du dich des zu beſſern/das gan ich dir wol/dann du
wol ſunſt ſo vilhafft erfaren/So du ſye für dich nymeſt/magſt du vilkicht das ge
dencken/wie man ſye gebꝛucht haben/dann ich da von zůſagen waiß. Se. Ja
lieber/ich Bir dich fründlich zeig mir das alt Büch/das ich doch ſehe/wie ſye gefoꝛ
miert ſynd geweſen. ·A· Ich fünd wol dryerley geſtalt der harpfen der kaine iſt
als du mir ſye gemakt haſt gezeigt als da ſtett.

Cytha‐ra **Jhero‐nimi**

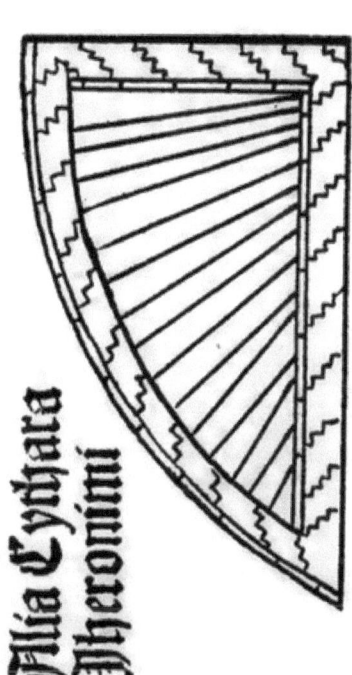

Alia Cythara Jheronimi

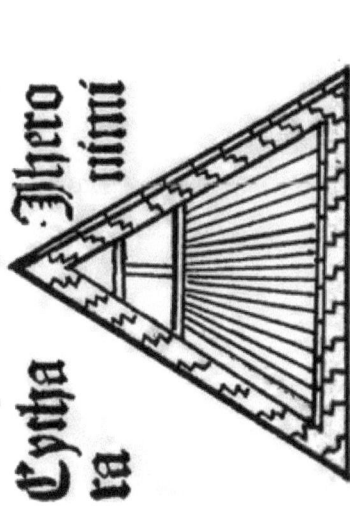

Alia
lyrra
Jero
nimi

Ge. Die gestalt vnd figuren der seyterley harpffen/der alten vnd der nüwē die seynd allsampt dryecket/vñ wie wol sye der formen halb nit eben gantz glich synd/als vnser nüwe harpffen/die mā yetzmacht/des mag etwā villycht des malers schuld syn/so synd sy doch dannest ouch zů der dryecketen formen geschickt/wie wol der selben instrument/ dye dry oxten/ende/oder seyten onglich gefunden werden/so einer lenger dan die ander ist/vnd nit eingang rechter dryangel/So haben doch die alten vnd nüwen harpffen der seyten halb gar sere eyn kleine vnderscheide/dann die nüwen habē mer seyten dan die alten/darzů synd sye ouch vil besser von der resonantzen/vnd werden subtiler vnd schöner gemacht von der gestalt zů dem gebruch/darüff zů lernen vnd zů spilen vnnd das mag ouch villycht mit den anderen instrumenten also syn/bar von Hieronimus hatt geschriben. A. Das psalterium find ich ouch anderst in zwen weg gemalet/dañ du mirs hast gezeigt/als bas stett. Ge. Das psalterin das noch in übung ist/das hab ich nye anderst gesehē dan dryecket. Aber ich glaub vñ mayn/ds dz virginalē erst mals võ dē psalterio erdacht sey gemachē/dz mā nun yetzund mit schlüsslē gryfft/vñ schlecht/võ mit federlē gemacht ist/wiewol dz selbig doch auch in

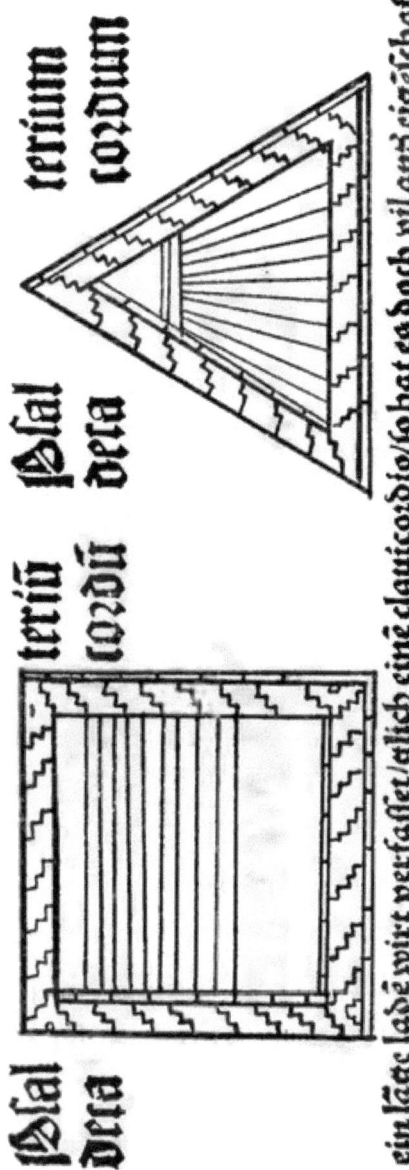

ein lage ladē wirt verfasset/ glich eine clauicordio/ so hat es doch vil ander eigēschaft
Die sich met mit dē psalterio vergleicht/ dan mit dē clauicordio/ Seyt dz man doch
zu ietlichem schlüssel ein besunderliche saiten muß haben/ Ein ietliche saite muß
auch höher dan die ander zogen synd / Darumb auch ein ietliche saite leger dan
dye ander muß syn/ Dardurch wirt dan auff dem abbrechen vnd vertungen der
saiten/ gleich als ein dreiangel in der laden/ darvon will ich hernach mer sagen/
Das du nur aber das psalterium Hieronimi fieretet zeigst/ ist kein seltzams/
dan an der formen eins instruments nit vil gelegen ist. Sunder allein/ an dem be-
sichen/ vnd wol stymen   .J. Du hast mir auch in dyner austeilung nichts von
dem Zympano gesagt/ dar von doch die heilig schrift vil meldung thůt/ wie man
das zů dem loß gottes des almechtigen gebraucht hab / das sind ich also gemalet

Als ein lange pfeiff/die oben ein mundstuck darein man pfeifft/vnd vnden zwey löcher hat/da die styrn vnd der windt auß gatt/vnd das ist gewiß/das es ein frauw in einer hand hat mögen tragen/Als da stett.

Tympanum Hieronimi

Se. Des instruments hab ich gar kein kuntschafft/dañ das ding heißt mã yetz Bey vns Tympanũ/als die groſſen Herpaucken/von kupfferen keſſell gemacht/ vnd mit kalbs fellen über zogen/darauff ſchlecht man mit klüpffeln/das es ſo laut vnd helle rümelt/An der fürſten höff zu den felt trũmeten/waũ man zu riſch pla= ſiet/oder waũ ein fürſt in ein ſtat ein reitet/oder auß zeucht/oder in dz felt zeucht Das ſynd gar vngeheius. Rumpelfeſſer/Wan hat auch ſunſt noch andere Pau cken die ſchlecht man gmeinlich zu den zwerch pfeiffen/als die kriegs knecht ha ben kunſt iſt noch ein klein peücklin/das baß en die francoſen vñ nidderlender ſe zu den Schwegeln gebraucht/vnd ſunderlich zu dantz/oder zu den hochzyten.

Herpaucken Trummeln vnd dein paücklin

Dise baucken alle synd wie sye wellen/ die mache vil onrüwe den leserrn frum men alten leuten/ den siechen vnd krancken/ den andechtigen in den clöstern/ die zu lesen/ zu studieren/ vnd zu beten haben/ vnd ich glaub vnd halt es für war der teüfel hab dre erdacht vnd gemacht dann gantz kein hotsseligkeit/ noch gūts dar an ist/ sunder ein vertempfung/ vnnd ein nyder truckung aller süssen melodeyen vnd der gantzen Musica/ Darumb ich wol geachten kan/ das dz Tympanū vil cynander ding mit ts gewesen sein/ das man zū dem dienst gottes gebraucht hatt/ dann yetz vnser baucken gemacht werden/ vnd das wir on billich den namen dē tüfelischen instrument zū geben/ das doch nit würdig ist zū der Musica zū brauc chen/ Noch vilmynder zů zůlaſſen der ſelbē wirdige kunſt ein inſtrumēt zů ſeyn/ Dann wann das klopffen oder boldern/ Muſica ſolt ſeyn/ So müſſen die pen= der oder küffer/ oder die feſſer machen auch muſici ſyn/ das iſt aber alles ni= chts/ Das du mir aber Zympanū Dieronimi zeigſt/ das kan ich gar nit geden= cken was es ſeye oder wie man das gebraucher hab. ⁊. Was iſt dann Chorus für ein inſtrument/ das find ich alſo/ das ein mundſtuck hat der ſyn mon plaſet/ vnd in der mit zwai toren/ Darnach vnden ein joch das dye ſſym/ oder der windvt= der auß gat/ alſo geformiert wie da.

Ferner sagt Hieronimus dz das Tuba sey gewesen/von dreyen mundstucken/do der windt hin yn sey gegangen/die bedeuten dē Vatter/den sun vnd den heiligē geist in der drinalitcit/vñ die haubtstuck/do der windt oder die stym wider her auff synd gangen/die bedeuten die vier euangelisten/also geformiert.

Tuba Hieronimi

Fistulam beschrebt er also/vñ nacht eyn ding glych eynem winckellmeß/dz soll das heilig creutz bedeute/vnd an fier eckett dyng/daran hangen/das soll cristū an dem creutz bedeuten/mit zwolff pfeiffen/das sollen die Aposteln bedeutē/des gleichen dye zwolff pfeiffen in der Orgeln/vnd auch dye zwolff pfeiffen in dē sym balo/als da stett.

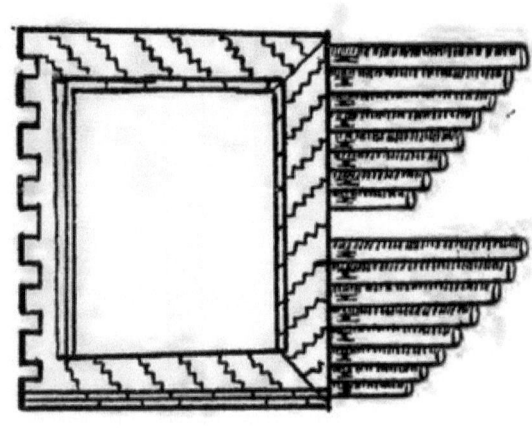

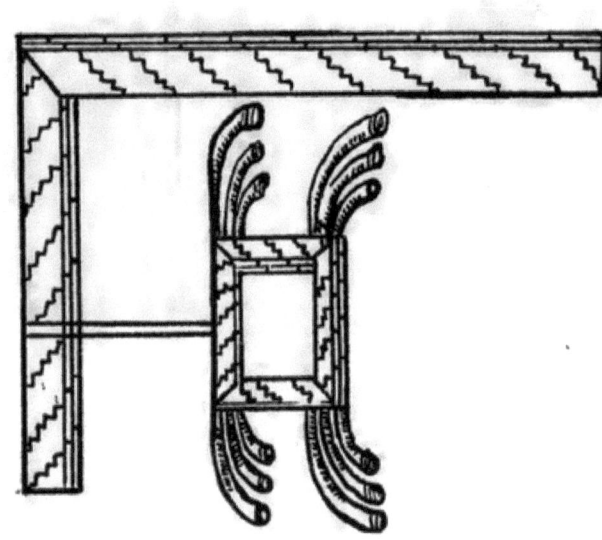

Zymbalū Jheronimi

Se. Lieber es ist genug von den dingē die zugegē gesagt/ Jch wais dir kein ant wurt weiter zů geben/ dañ ich hab der in strument eins gehört noch gesehen/ vnd wais auch nit wie/ oder war zů man sye hat gebrauchet. J. Darumb so hast du dye sach nit gar gnůgsam erfaren/ vnnd gantz beschriben/ Als du dich vermessen hast in dyñ anfang. Se. Des ich nicht vermessen han/ Das ist von den instru menten/dye yetzt bey vns in vnserm ge brauch syndt vnd nichs weiter. Jch hab auch die poetē/ noch vil mer instrument von seltzamen namen/ dar von sye schrei ben/von den kan ich nit anders erfaren/ dañ das es instrumenta Musicalia synd gewesen/ wie sye aber geformet/ oder ge stalt/Besser oder böser/hübscher oder heß licher/Subtiler oder gröber synd gewe sen/ dañ die vnsern/ dar von schreibt nyemant eigentlich/ seit ich wais zů nennen

Sanctus/welches einer ein harpffen hat genennet/das heißt der ander eyn leyr/vñ her wider umb/vnd der gleichen vil. Ich glaub auch/das in hundert jarn nechst vergangen alle instrumenta/so subtil/so schön/so gut/vnd so wol gestalt gemacht seind worden/Als sey Orpheus/noch Linus/noch Pan/noch Apollo/Noch einer der poeten/hab gesehen oder gehöret/vnnd das mer ist müglich geachtet hab zůmachen oder zů erdencken/Man findet auch funff noch vil mer dorlicher instrumenta. Die man auch für Musicalia achtet oder heltet. Als da sindt Trumpeln/Schelle/Jeger horn/Acker horn/Kůschellen. Bitsche/uff dem hafen

Auch andere mer/als pfeifflin auf den feder kilen/lockpfäfflin der fogler/wachtel beinlin/Letschen pfeifflin/Daußen beunlin/Pfeiffen von strohelmen gemacht. Pfeiffen von safftigen rinden der böm/von den pletern des böm/das mag geplatet haisset Schwegeln mit dem mund oder mit den lefftzen/ in die henD als in dye schlüssell zu pfeiffen/ das hültzig gelechter/ vnnd ander der gleichen vil mere Diseinstrument alle/ wye dye genennet synd/ oder namen gewinnen möchten/ dye acht ich alle für gögkel spill/ Darumb verdruß mich dye zů nennen/ will mer zů malen/ vnd aller maiſt zů Beschreiben/ Darumb will ich dye zůgegen gantz vñ den ablassen/ vnnd alleyn von den instrumenten sagen/ Dye eyn zetlicher paur mag kennen vnnd nennen mit namen/ dye zů der süssen melodey dyenen/ Doch wirst du mich dannest hernach dar zů bringen/ durch dye figuren der alten hebreischen instrument/ dye du mir gezaigt hast/ das ich weiter lügen muß/ etwas in dem andern buch eygentlichers dar von zů schreiben. A. Nun/ so du nit weiter hie zů gegen gar von sagē wilt/ So muß ich gleich der außteilūg dye du vornē her gemacht hast zů friden sein von den kenntlichen vnd gebrüchlichen instrumētē/ Aber ich bitt dich sag mir wie ich vff den instrumenten mag lernen spilen/ Haben sye alle sampt ein glyche regel/ als so ich pfeiffen lerne/ das ich dann auch eben das selb vff der Lauten/ Orgeln oder andern saiten spilen möcht kunnen. Ge. Alle instrument der gantzen Musica/ die synd in dem nit fast onglych was melodey durch die noten Beschriben wirt/ vnd welcher das selbig singen kan/ der mag ebē dyselbig vff allen instrumētē lernē spilē gar lichtlich/ vñ der selb bedarff keiner andern regell/ Aber den andern dye das mit singen kunden/ den ist eyn

modus erdacht/der tabulaturen/sye zů vnderweisen/vff den instrumenten zů ler-
nen nach art vnd eigenschafft eins yetlichen instruments insunderheit .J. Ich
kan auch nichs singen/vnd hab doch gůten lust vff den instrumenten zů lernen
Möchtest du mich auch on das gsang/Pfeiffen/lauten schlagen/oder orgeln ler-
nen Se. Ich kan dich nit gantz wol on das gsang das selbig lernen/du můst
zů dem mynsten etwas lernen dar bey verston/dz das gsang antrifft/als zů dem
aller mynsten můst du die noten vnd die schlüssel lernen kennen/vnd mit iren na-
men nennen/über das alles wer dir not Modus coponend/oder die kunst võ dẽ
Contrapunct/vnd von der coposition zů lernen / Dar von ich dañ in dem an-
dern büch mer schreiben/man kan dir auch nit für geschreibẽ wie da dyne finger
zů der löchern der pfeiffen oder die selber zů den pfünden vnd kõre der lauté oder
zů den schlüsseln der clauieren instrumet solt oder můsset/applicieren/Ich glaub
auch nit das es alles einer beschrebẽ möchte/von der manigfaltigkeit wegẽ des
cotrapuncts vnd der diminution/So du aber vorhin ein wenig ein application
der finger hettest/so getrauwt ich dich wol darauff zů lernen / durch die tabulatur
was vorhin gesagt ist/zů disem mal. Aber das cotrapunct zů lernen/vñ ab placit
tubẽ zů spilen vff kor gesang oder kunst das wil ich in dem andern büch für gebẽ
Darumb magst du dir hie etwas für nemen was du wilt .J. Ich wil es gern
alles kunden vff allen instrumentẽ Se. Alles zů lernen zů einem mal/weil mich nit
bedunckt müglich syn/La mich eins nach dem anderen/oder etlichs ein weil geübt

Ich hab auch vor gesagt/von mancherley art vnd eygenschafft wegen/der instrument/Das man on das gsang/nit ein tabulatur mag machen/dye allen instrumenten gantz gleich/vnd bequeme seye/Darumb der selben differentz/oder vnderscheid halben/ist erd acht vnd gefunden/eynem jetlichen seyn eygne tabulatur/bequeme vnd gebrauchlich/zů der lernung/vnd wie wol die selben tabulaturen/doch nit allsampt eben gantz gleich/oder ein einige tabulatur synd/So haben sye doch allsampt vil vergleichnuß mit der regulierten Musica/vnd auch vn der ynen selbs zůsamen/so du dañ lust hast zů lernen/Das gsang auß den note in die tabulaturen zůsetzen/So will ich dir dye erley instrument für geben/wann du vff den selben beyden Tabulaturen kanst/so hast du darnach vff allen andern dester lychter zů lernen. J. Ja lieber welche wile du mir für geben Se. Zum ersten nym für dich das Clauicordiu/darnach die lauten/vnd zů dem dritten dye flöten/dañ was du vff dem clauicordio lerneff/das hast du dañ gůt vnd leichtlich spilen zů lernen/vff der Orgeln/vff dem Clauizymell/vff dem virginale/vnnd vff allen andern clauierten instrumenten/Was du dañ vff der lauten greiffen vnd zwicken lerneff/das hast du leichtoff der harpffen/oder vff dem psalterio oder vff der geigen zů lernen/Was du dañ vff der flöten lerneff/das hast du darnach vff allen andern gelöcherten pfeiffen dester lychter zů lernen. J. Was sagstu dañ von den übrigen instrumenten/als Pusaunē Trumetē vn der gleychen Se. Ich hab dir gesagt/wie das ich ein deutsche Musica/von mancherley geschlechtē y reymen vnd der gesel/als dye deutschen lieder gedichtet synd gemacht hab./m dem selben büch lerne ich nach der laitern Gwidonis singen/ Solmisiern/ Mutiern/ vnd von den acht thonen/ auch das figuriert gesang/ vnd das cõtrapunct singen vff das büch/ darzü lerne ich Componiern/ vnd was die Musica betrefft mag vnd mir wissent ist .A. Was sagst du/ das müß ser vil syn/ sag mir doch etwas oben hin in eyner gemayn dar von Se. Ich will auch schreiben von allen proporcionẽ Kürtzlich vnd gebrauchlich der gantzen Musica vnd von allen instrumenten nit alleyn wie man darauff lernen sol/ Sunder auch was not ist dar auff zü lernen/ vnd will des selben so vil exempel geben/ das ich wol waiß mit grossen danck würt verdienen/ von etlichen die solche ding iren schülern nit gern gezaigt oder für geben haben/ Vnd so ab er ich solichs erfarn vnd geseh Bin ich den selben iungen mit genaigt/ ir beschwerung zü leichtern auß mit leiden/ dañ es manchen iungen gar hart an kumpt der kunst wol lust het etwas zü lernẽ vnd villicht das nit vermag zü verlonen/ Auch darumb das sich der selben iungẽ teiner mee so lange zeit verligen müß/ als ich selber verlegen/ verhindert/ vnnd darzü versaumpt bin worden/ Darumb wil ich den selben/ ein weg machen leichtlich zü türnen/ do hin sye begeren/ vnd was ich durch mein schreiben nit gnügsam für mag geben/ von kurtz wegen/ das will ich durch die manigfaltige/ oder schier on zalbarn exempel oder beyspil erfüllen/ Auch der selben so vil für geßen als ich wol waiß noch nit offenlich auß getailt sind worden .A. Wilt du mir dañ nit die selben exempel vnd regeln auch geßen vñ die zü gegen für schreiben Se. Ich

kan das gantz buch von seinen wegen nit verderbē/Biß du aber die tabulaturē
gelernest die weil wirt ob got will das überig auch fertig/dan ich doch alle exempel
allein in dem gesang wil für geben/Welcher dan will der mag dye selben in eyn
tabulatur transferieren welche er will/Es sey off die orgel/off die lautē/od an=
dē instrumentē/welichs man wil haß/Darūb mag ich dich q byt kurtzlich nit mer
dan tabulisieren lernen/wir du dan hernach magst du das ander buch auch be-
kūmē. N. Wolan du erbeuttest dich grosser ding laß zu sag das du also bestandest/
Se. Ich weiß zübestan/dan es ist schon alles fertig/so vilich daran zu machen
han. N. Wolan ich hör es gern/Sie weil du aber mir zü lieb als du sprichst ein vß
gezogens tractatlin von dem selben gantzen büch wilt machen/So sagst du mir
auch von dryen instrumenten/darus du mich lernen wilt tabulieren vnnd nem=
lich mir für das erst/das clauicordium/was ist das für ein instrument/vnd wie
müß ich das lernen machen.

Hie fachts an zu lernen

Se. Das clauicordium vnnd andere instrument wie man dye machen soll das
wil ich nit beschreiben dann das trifft mer dye archidirectur/oder das hantwerch
der schreyner an/dañ dye Musicam/Aber uff den instrumēten nach St tabulatur
zu lernen das trifft Musicam an/dar uō will ich die gern vnderricht gebē. N.
Se. Clauicordiū glaub ich dz sin/welichs gruūdo aretinus

Das ist dz ich beger

monocordum hat genennet/von eyner aynigen saiten wegen/vnd das außgetei
let oder vß gemessen/ Nach dem diatonischē geschlecht allein/beschriben/vnd re
guliert/dar von sind ich durch den obdon geschriben/das solichs monocordum
eyn lange steretkte lade sey/glych einer truhen/oder eyner kisten/Darauff ein sai
te gezogen wirt/welche durch den zirckel auß getailet alle cōsonantzen/durch dye
proporztzen ergründet beweerlich bringen thůtt/Wer aber darnach der sey gewe
sen/oder das erfunden oder erdacht hab/Das man nach der selben mensur/offtet
lichen puncktten/eyn schlüssel gemacht/der dye sait eben gerad vff dem selben zile
oder punctten anschlagen tůtt/vñ als dañ eben dise stym vn tein andere bringt
dañ dye ir die mensur von natur gebent zu geben auff dem selben punctten/das
moecht ich nye erfaren/wer auch das instrument nach den selbē schlüsseln/also cla
uicordium hab getauffet/oder genennet/waiß ich nit .A. Wilt du mir nit auch
sagen wie man das monocordum auß messen soll Ge. Dar von ist in dem gan
tzen Bůch genůg geschribē/das dir nach mynem bedunckten bye nit als notist zů
wissen/dañ ich dich hie zů gegen nit mer dañ für dye selben tabulieren will lernen vff dē einstitu-
mēnē /A. Was gibst du mir dañ für dye selben tabulatūren zů lernen Ge.
Ich wil dir dir zů dem ersten von den schlüsseln vnd saiten des clauicordij sagen/dar
nach auch wie man dye selßen betzeichnen sol/vnd dañ die selben zeichen in der ta
bulatur brauchen .A. So sag an wie vil sol das Clauicordiū schlüssel vnd saiten
haben Ge. Ich weiß dir kein gewisse sum zů nennen dye es eben haben müsse

So vil/oder so vil/vnd nit minder noch mere/nach dem aber das instrumēt vō dem monocordo het kunpt/so acht ich man mog der saiten so vil daruff ziehē als man welle .A. Wan es dan mer dan eyn sait hat/so kan man das nymer monocordū heissen/sunder man muß es nach der zal der saiten nennen/als tetracordum von vier saiten Penthacordum von fünff saiten.2c. Ge. Daran ist mit gelegen das der saiten vil synd/aber daran ligt es alles/der saiten vff dē instrument synd vil oder wenig/so lig dz sye alle sampt ein vnsonū haben od. ein gliche stym keine hoher noch niderer dan d'ander .A. Warumb muß das seyn Ge. Dan die außteilung des ganzen monocordi die dienet nur vff ein saitē / vnd sols mer weren vnd nit gleiche stymen hetten so wurd die mensur alle falsch zū d'selbē saiten vnd brecht eins vnrechte stym .A. So ist es ouch genūg an einer saitē als leyn zū dem Clauicordio Ge. Neyn/ir müssen von notwegen mer dan eyne syn .A. Warumb das Ge. Dann man vff eines saiten alleyn simul et semel oder gleich mit eynander ein cōsonantz machē mag clingen/aber nach einander mag man die wol horen/Darumb ist not das d' selbēn vil synd/vff das man mit zweye stymen/mit dryen/mit fieren/vnd noch mit mer stymen/die suffiseit der cōsoman tzen/mit einand's daruff magh ore/das man vff einer alleim nit mag geton .A. Wye vil muß es dan der schlusselhaben Ge. Als Gwido von dem monocordo gesehn ben hat er allem diatonicūgen'' für sich genūman/vnd dem selben nach/so hat dz clauicordiū lang zyt nit mere dan dryssig schlussel gehabt Als do stat.   L. iij

Es synd aber ander hernach kumen/die haben noch subtiler das gemacht/vnd Boetium auch gelesen vnnd nach dem andern geschlecht Cromaticü genant/das monocordum auff geteilet. A. Du sagst mir vil von den seltzamen geschlechten Sag mir doch was ist diatonicū genus/vnd bañ von den andern auch/so mag ich dester bas verstan was du mir sagst Ge. Diatonicū genus ist als Boetius spricht in dem Ersten büch syner Musica an dem .xxj.capitel. So man ein ietlich Diateffaron/das wie ein quartzhauffen auff zwayen gantzen thonen vnnd eynem andern Semitonio oder auff vier schlüsseln/oder vier stymen machen. A. Wye mag ich das verston. Ge. Also thü im/nym der schlüssel eynen für dich/vnd er denñ die dir oben für gemalet synd/welchen du wilt/vnd fang an dem selben an zū zedem/von vnden an biß vff den obristen/oder von oben anherab zügan biß vff den vndristen/vnd zele alwegen sier schlüssel/für ein quart/so gebē dir alweg der selben schlüssel fiere. Das diateßaron recht gemacht/auß zwayen gantzen thonē vnd eynem mindern semitonio/alleyn nymlich bsahmi auß/das von will ich her nach sagen/dann das bar zwen schlüssel/die werden nur für eynen gerechnet. Was ist dann das Cromaticum genus Ge. Croma ist eben so vil gesagt als eyn farb/vnd Cromaticum eben als eyn gefarbt ding/Das heißt man auch kunst zūzierē/etwas auß gestrichens oder ein wol geziertes ding/Also ist auch hie dye kunst Musica/vnd das instrument noch vil subtiler auß gestrichen/vñ das geziert/durch die semitonia des geschlechts Cromaticū genant/vnd ist das/So man der selben diatessaron ietliche auff fünff speciebus der myndern semitoniem macht/vnd der selben diatessaron müß ietlichs sey stym oder schlüssel habē/dye machen fünff species der myndern semitoniern/vnd also nach dē geschlecht Cromaticū genant hat man noch dryzehen semitonia minora/zū den andern obristen schlüsseln gemacht vnd eingetailet/bar zū hat man eynen schlüssel herab vñ der das Gamaut gemacht/vnnd bin vff zū gar auch eynen dar zū gethon über das ʼela/Also das von dem vndristen schlüssel an zū rechten biß zū dem obristen gerad/drey octauen ingeschlossen werden/Letlich machen noch ein schlüssel vnd ein semitoniū dar zū/also das yetz gemainlich baider geschlecht/acht vnd dryssig schlüssel werden gefunden/Als da stet.

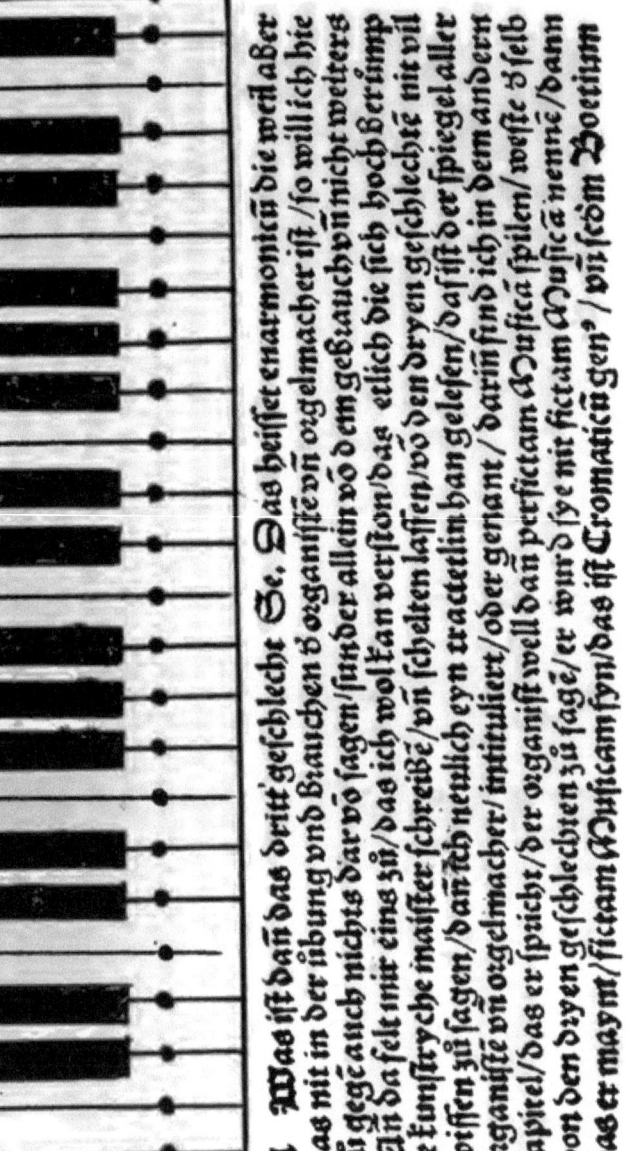

A. Was ist dañ das dritt geschlecht Ge. Das heisset enarmonicũ die weil aber das nit in der übung vnd Brauchen d' organistẽ vñ orgelmacher ist / so will ich hie zů gegẽ auch nichts dar võ sagen / sunder allein võ dem gebrauch vñ nicht weitters Ein da felt mir eins zů / das ich wolt kan verston / das etlich die sich hoch berümp te kunstreyche maister schreibẽ / vñ schelten lassen / võ den dreyen geschlechtẽ nit vil wissen zů sagen / dañ ich neulich eyn tractetlin han gelesen / da ist der spiegel aller organistẽ vñ orgelmacher / intituliert / oder genant / darin find ich in dem andern capitel / das er spricht / der organist well dañ perfectam Musicã spilen / welche ſelb von den dreyen geschlechten zů sagẽ / er wurd jye mit fictam Musicã nennẽ / dann das er maynt / fictam Musicam ſyn / das ist Cromaticũ gen' / biß sõm Boetium

gnůgſam reguliert vnd beſchriben in dem obgemelten end/ Man ſol im aber ver
zeihen dañ er hat es über ſehen/ iſts ougen ſchuld/ oder der ſpiegel iſt dunckel wor
den/ mag wol baß durch die organiſten vnd orgelmacher ufgeſegt werdē / vnd
wye wol man ouch yetzunden vil nüwer clauicordia findet/ die noch gröſſer oder
lenger von fier octauen oder noch mer ſchlüſſel haben/ So iſt noch doch die ſelben
nichs anders dañ glych ein repetition der erſten ſtymen der dryer octauen/ vnd
werden das meret teyl darumb alſo gemachet/ das man den ſelben angehendtie
pedalia mag zů gebē/ man macht auch nun ander vfftailung der clauicordia/
Darumb hab ich anfenglich kein ſűmā der ſaiten wellen gebē/ Aber gmainlich
macht man drey ſaiten uff eimē tō/ darum ob einen zů zytē ein ſaitē abſprunge/
als dañ etwan geſchicht/ das er dañ darum nit uff müß hören/ zů ſpilen/ das me-
rer teyl auch der töne/ hat ietlicher dry ſchlüſſel die im an reichen/ ob anſchlagē/ Be
gebē ſich nymer zwen zů cynemal zů ſchlagen dañ die gmainlich diſſoniren Dar
zů macht man auch etlich ledige töne dar uff dre gar kein ſchlüſſel an rüret .A.
Warumb das/ vnd vō welcherley ſaitē beʒeücht man das Ge. Etliche ſag tēn ege
die ledigē tōe bre bringen ein gütte reſonantz dē inſtrument/ Etliche ſag tēn ege
ſchehe vō ſchoenheit oder von ſtercke wegen/ als ſo man die weiſſen ſtehelin ſaitē vō
die gelben meſſenen zůſamē zeücht das ſol wol ſtan/ das kan ich nit glaubē/ das
es ſchonheit halbē geſcheʒe/ ſunder vō not wegē A. Von was not wegē Ge.
f.

Dañ der meſſing laut võ natur grob vnd der ſtabel cleyn/vñ ſo mã nun ſo vil als fier octauen/vnd noch mer darüff machet zů haben/ſo bezeuchtman dye vndern kore mit den meſſenen/vnnd dye oberern mit den ſtebelin ſaiten .A. Was thon daū dye zörtlin von dem wullẽ tůch vff dẽ inſtrumẽt/dye in dye kore der ſaitẽ ge- flochten ſynde Ge. Das nympt den ſaiten das teſſeln od' dye gröbe on freunt lich hall uñg/oder thonung/Das dye ſelben nit lenger clyngen/dann dye weil er uff dem ſchlüſſel ongefärlich eins tempus lang ſtill halcker/Aber nit lenger/So bald er aber ymer ab gebrechen mag/auch in den läufflin/So ſchnell hörtt auch dye ſaiten vff zů lauten/das machen dye tüchlin/Wolan ſo vill ſey dir geſagt vō dem erſten inſtrument dem Clauicordio/Wilt du nun/ſo frag weiter nach dem das dir tʒ iſt der lernung dyenen mag/So will ich dir des Beſten antwurtẽ als ich kann .A. Du haſſt mir von dem inſtrument genůg geſagt/ wye muß ich nun dar v̈ff lernen tabulleren Ge. Ich hab dir geſagt nach dem du nit junge kanſt So welle ich mich vnderſtan/dich durch dye tabulaturen zů lernen/ Darumb ſo muß du wüſſẽ/das Guido Aretinus zehen linien vnd ſo vil ſpacia beſchriben vnd geſetzt hatt/vñ das er dye ſelben erſt mals mit den erſten ſibẽ büchſtaben des alphabets Bezeichnet/darnach dye ſelben büchſtaben claues genennet/vnd dẽ ſelben ſchlüſſel dye ſechs noten zů geſetzt/vt re mi fa ſol la dye ſelben zů dem ſi- bendẽ mal repetiert/oder wider geſetzt/Alſo das er auß dem büchſtabẽ der ſchlüſſsoll/vnd auß der repetierung oder wider setzung der ser noten gantz word/vnnd eygen namen gemacht/dar mit er die linien/vnd dye spacia getauffet oder genennet will haben/Vnd dye erst linien mit eynem kriechischen Gamaut bezeichnet/ Auch die erst silbe der noten zü dem selben Büchstaben gesetzt/vnd die linien von dem Gama/vñ von der noten Gamaut genennet/Darnach das erst spaciū über Gamaut/von dem A. vnd der andern noten Are geheissen/Darnach dye zwayt linien von dem B. vnd der dritten noten Vmi genennet/Das ander spaciū Cfaut/Vnd also fürsich hin vff zü gan/als du in der nach folgenden figur sehen magst.

Sequitur Scala musicalis; siue manus Guidonis arretini.

F ii

Also nach der uffsatzüg Gwidonis der figuren/haben die organisten ire claues auch mit den erstē siben büchstaben allsampt bezeichnet/wie sye in d' figur zu fordrist an stende/also das alweg d' erst büchstab/den gantzen namen bezeichnen sol .A. Du sagst mir nit mer dan von siben büchstabē dar mit wiltu mir wol fünff mall siben vnnd noch mer schlüsseld zu erkennen geben/wye mag ich vß dē allein/so vil claues erkennen vnd nennen mögen Ge. Die organisten habē gemeinlich dē gebrauch das sye die vndristen büttlin alle claues nennē/vnd die andern die ein wenig oben erhabē vñ kurtzer dan die ander synd/die heissen sy semitonia. (So ist der gebrauch Gwidonis gewesen das er die

				la	la						
				sol	sol						
				fa	fa	iiii					
					re	re					
					ut	ut					
			la								
			sol								
			fa	iiii							
			re	ut							
		la									
		sol									
		fa	iiii								
		re	ut								
	la										
	sol										
	fa	iiii									
	re	ut									
la											
sol											
fa	iiii										
re	ut										

ſten ſieben Buchſtaben/vñ die claues mit groſſen verſalen das beſchribē Als das ſtet
𝕬 𝕭 𝕮 𝕯 𝕰 𝕱 𝕲 Das ander alphabet/hat er mit ſchlechten cleinen Buchſta
ben beſchriben/Als das ſtet a b c d e f g Das dritt hat er duplicirt Als da.
aa bb cc dd ee ff Das halten auch etlich organiſten alſo/vñ es ſynd aber etli
ch/Dye machen die Buſſtaben des vndriſten alphabets gantz ſchlecht/vnd vnder
zieben ſye mit eynem cleynen ſtrichlin/Dye mitlern machen ſye gantz frey on al
len zuſatz/Die dritten oder die obiſten machen ſye auch ſchlecht/vnd über zichē
die oben mit einē ſtrichlin vff das man ſye auß einander kenne/Als do ſtet
a b c d e f g a b c d e f g ā b̄ c̄ d̄ ē f̄ ḡ

Vnd haben alſo mancherley art/ein jetlicher nach ſynem wolgefallen/Darumb
ſo magſtu ob du wilt dir auch etwas eygens fürnemen/die ziffern/oder das gāß
alphabet von drey vñ zweinzig Büchſtaben/Als dañ der vndriſten ſchlüſſel auch
ſrij. in dem clauir ſyndt/Aber die erſten ſieben Büchſtaben die ſynd der Muſica
mer gleich formig/Darumb rate ich dir du bleibſt bey dem gmaynen gebrauch/
vnd fangeſt an dem erſten ſchlüſſel an/den ſelben zu bezeichen mit einem groſſen
F Als do ſtet 𝕱 Das du das ſelbig für die groſſ iſt oder niðriſſ ſtym des clauicor
dij/vnnd vor oder auß den andern ſt magſt erkennen/dañ du der ſelben mer dann
eins alleyn wirſt haben/vnd ſo offt du eyn not in dem nechſten ſpacio vnder dem
Gamaut in dem ggang ſichſſ ſtan/ſo ſetze für das ſpaciū vñ für die note das groſſ
F iij

¶ In dye tabulatur. A. Wer will mir dañ sage ob dye selbē notē lang od kurtz sol syn. Ge. Ich will dir darnach wol ein beschaid geben/das du dauō em notarū oder den werdest noten auch erkēnest/lerne nur vor die schlüssel tenñe nenne/vnñ bezeichnen. A. Wye müß ich dañ den zwaiten vnd dye andern schlüssel nach eynander bezeichnen/dye nach dem grossen F hyn vff gand. Ge. Ætlich dye machern von strund an/nach dem ersten schlüssel hyn vff zū gan/eyn semitonium vñ das ist mir aller organist gemaynūg/Darūb fo wöllich auch beyd vorige ōn zale v acht vnd dreyssig schlüssel in der ordnung bleiben/vnd dē selben angezaigtē da mir nach/So folgt dem ersten schlüssel nach hin vff zegan/eyn anderer/der wirt Diatonice genant nach der vffsagung Guidonis Õarnaut/vnd durch ettlich or-ganisten mit eynem Ertechischen Õamaut/Durch der andern etlich machen grossen versale bezeichnet/als do stet G Der andern etlichē machen ein cleins g vñ vnd eyn strichlin darunder oder dar durch/als do stet g̵ Der dritt schlüssel hin vff zū gan/wirt eyn semitoniū vnd das macht od bringt dus fa Cromatice in are/Das hessen dye organisten das groß poss soll/vñ Be-zeichnē das eben als das Õamaut/alleyn sye machen hinden R̸ dar zū ein schleiffen daran/als do stet G̸ oder also R̸ Der vierd wirt are Diatonice in dem spacio den bezeichnet man mit eynē grossen A ob macht ein Clauis a mit einē strichlin darunder a̵ in Vmi Cromat. vnd den bezeichnet Der funfft wirt wider ein semitoniū fa

man mit einem groſſen B oder mit eynem cleinen b
vnd vnden mit eine ſtrichlin vnder zogen als do ſtet   b̧

Nun ſo man dyeſünff ſchlüſſel nach einander rechnet/ſo wirt von dem erſte biß
zu dem fünfften ein gut Diateſſaron/aber nit Cromatice/oder nach dem gemai
ten geſchlecht/Dañ daran gebricht noch ein minders ſemitoniū/Aber von dem
andern ſchlüſſel Gamaut genant/Jn baſſen zu rechnen/ſo ſind es alweg in dē
nechſten ſechs ſchlüſſeln nacheinander gende/eyn gůt Diateſſaron/nach di Cro
matiſchen geſchlecht/Du fangſt vff einem ſchlüſſel/oder vff eynem ſemitonio an
welchem du wilt/biß hin vff zů gan an das ende

Der ſechſt ſchlüſſel wirt mit m̄ fa ſyn ſparꝛ. vnd wirt mit eynem groſſen
verſale b̧ Bezeichnet/vnd man haiſſet es auch bmi   odꝛ man   ḩ
macht ein cleins b vnd vnderzeucht es mit eine cleinē ſtrichlin.

Der ſibent wirt C faut Diar. vnd mit eynē groſſen verſale be
zeichnet/aber etliche die machen ein ſtrichlin vnder ein ſchlecht   c̄

Der achtet wirt wider ein ſemitoniū Cromā min C faut das bezeichnet mā
eben als das C faut / alleyn man macht dar zů ein ſchlauff-
en hinden dran/vnd haiſſet das dzerſt poſſ iſt als da ſtet   ℭ oder

Der neundt wirt D ſolre Diar. vnd wirt mit einē groſſen verſale
Bezeichnet S oder mit eynem cleinen vnden vnderzogen als do ſtet   ḑ

Der zehend wirt fa in ℭlami Cromāt den bezeichnet mā mit einē
ſtrichlin drunder vñ ein ſchleuſflin daran/heiſt das erſt pꝛreal.   d̄

Der ayl fft wirt mi in elami diāt den bezeichnen sy e mit einem freyen verfale also ℥ oder vnder ziehen ein kleins als das ſtet

Der zwelfft wirt fa n ffaut der linien feyn diāt den Bezeichnen sie frey mit eine f oder machen vnden ein ſtrichlin dar durch als das ſtet

Der .xiij. wirt mi in ffaut ſyn Cromant ein femitoniū/ den heiſſen die organiſten dz erſt p°fa vnd Bezeichen das hinden mit einer ſchlauffen an dem buchſtaben / als doſtet ſc oder fc

Der fiertzehend wirt gſolreut in ſpacio diāt vnd mit einem ſchlechten gantz fry en g Bezeichnet on allen zuſatz als das ſtet   g

Der .xv. wirt fa in alamire Cromāt vnd auch/ mit einem g Bezeichnet als das gſolreut allein das es hinden ein ſchlauffen daran hatt als dä ſtat g° vnd iſt das anderp° ſol genant

Der .xvj. wirt mi in alamire b-linie diāt mit einē claimen gantz freye a bezeichnet

Der .xvij. wirt ein femitoniū fa in bfabmi dem ſpacio/ vnd wirt mitt einē ſchle= chten rotunden b Bezeichnet

Der .xviij. wirt mi in bfabmi dem ſpacio mit einem ſchlechten h Bezeichnet vn das ander hmi genant

Das .xix. wirt fa diāt/en cſolfaut vnd mit einē ſchlechten c bezeichnet

Der .xx. wirt mi Cromāt/ in cſolfaut vnd wirt eben als das ander mit einem c bezeichnet allein das es hindē em ſchlauffen dranhat c° vnd haiſſt das zwait p°vt

Der.xxi.wirt Blasolre Ḋiat̄.mit eynem freyen ḋ bezeichnet
Der.xxij.wirt eyn semitonium fa in Ělami Cromāt/vnd das zwait post re genant mit eynem ḋ vnd eyner schlauff en hindē dran bezeichnet als do stet dc̄
Der.xxiij.wirt mi in Ffalami Ḋiat̄.mit eynem schlechten e Bezeichnet
Der.xxiiij.wirt fa in Ffaut dem spacio Ḋiat̄.vnd mit eynem vberzognen f̄ bezeichnet Als do stet
Der.xxv.wirt ein semitonium mi in ffaut dem spacio Cromāt vnd das vnder p̄ fa genant vn mit eine f̄ vn schleuffen dranvberzogē bezeichnet als f̄c̄
Der.xxvj.wirt Gsolreut in linea Ḋiato.mit einem schlechten g oben vber zogen bezeichnet als ḡ
Der.xxvij.wirt ein semitonium fa in Alamire dē spacio Cromāt/vn̄ wirt dz̄ die p̄ sol genāt mit ein̄e vberzogē ḡ bezeichnet/vn̄ hindē ein schleuffe dran gc̄
Der.xxviij.wirt Alamire Ḋiato.vnd bezeichnet mit eynem deinen ā vnd oben vber zogen als do stet
Der.xxix.wirt ein semitonium fa in Bfabmi der linien mit ein̄e rotunden b oben vber zogen bezeichnet als do stat b
Der.xxx.wirt mi in Bfabmi der linien Ḋiato.mit eynem cleinen h oben vberzogen Bezeichnet als do stat h̄
Der.xxxj.wirt Csolfa Ḋiat̄.vnd die selben buchstaben forter hin vff stigen diu plicrē sye alle/vn̄ der wurt mit einem dupel c bezeichnet als do stet cc

Der xxrij.wirt ein semitonium mi in cfolfa. Cromat vnd wirt das drit p⁹ vff ge
nant vnd mit dupelln cc bezeichnet dar zů ein schleiffen hinden dran/ cc

Der.xxxiij.wirt dlasol drizi mit eynem dupell dd bezeichnet/

Der.xxxiiij.wirt ein semitonium fa in ela Cromat das drit p⁹re genant vnd mit
eynem dupell dd bezeichnet/ Wit einer schleiffen hinden dran als do stett   dd

Der.xxv.wirt mi in ela diåt/Wit dupelln ee bezeichnet.

Der.xxxvj.wirt ein semitonium fa vber ela Cromat mit dupeln ff bezeichnet.

Der.xxxvij.wirt das letst p⁹fa mit dupel ff bezeichnet hindē ein schleiff dran fff

Der rlesst.wirt mit dupelln gg bezeichnet ein octaue vber gsolreut/ Also hast du
die zeichē d' schlussel aller vñ die findstu vff dem nachgemalten clauir beschriben/

Nun das ich dir gesagt/ich wel dich auch die notē lernē kennē/welche du lāg od͛ kurtz solt machē/vn das selb das ich de valore notatiō od von dē wert der notē hye zů gegen wil sagen/das gehört darnach auch zů zů allē andern tabulaturē aller in strumēt/Darum můß ich dir das besser darvor fürgebē das ich nit hernach wider zů dē andern iustrumēt c auch müsse schribē. Als zů t'lauter pfeiff eōs andern dañ ein mal beschribē in einē Būch gnůg ist. A. Wolan/ich verhoff mich des woll zů Beffern/mit teglicher vbūg/Darum so sag mir forter/Wie sind die notē des fi gurirten gesangs gemacht. Se. Du můßt wissen das die singer furerlay quadra tur habē/auß welchē sye alle notē formiren/die selbē sind auß e͛ freyē künste der Geometrey vn der metrificatur oder auß b kunst der verß zů machē genomē. A. Welches sind die selbē quadraturen. Se. Die erst haißt Quadrilatera/Die ander rombus/Die dryt romboides ist ein patronomicū vō dē Rombo/die viert/ quadratur altera parte logius et rectangulū. A. Was sagst du wie Eupfft du do her/mit d͛ geometrey vn poetrey/zů d͛ musica zů brūchē. Se. Lieber laß dichs nit widern ob du vn and noch vil mer des nit wissen/deñ wil ichs offēbarn vñ etwas sagē d͛ z grund thāt/waū d͛ selb nit gůt ist/So ist alles gebeū verloren. A. das heißen die erste quadrilateta für ein figur/lod fwectre figur/die vff alle ort gleich ist/Die haben die singer die steinmetz vn gā fwectre genāt/darum dan sye alle alle schwartz habē genomē zů d͛ musica vn ein Bruū genāt/darum dan sye die alle alle schwartz habē gemacht/vñ so die vff dz aller schlebtsst vñ Belbdiffz zů machē ist darū heiß sy Breuis

S ij

das ab er das also sey/das sye aus dem gelbitzten sey zů machen oder zů schreiben/
So nim ein grobe bzeyte federe in die hant vñ zeuch ein wenig für sich/So gyt
dir die feder in eynem clainen züglin die quadratur als do stet. ◾ Issa mã aber
nůn zů den noten claine strichlin dran macht über sich/das ist alleyn vff das dye
oter o ster scheepsser erscheinen an zůsehen als do stett/ ◾ Warum man aber
nůn die noten in der mitte weiß macht/das mag die vrsach seyn/So das gsang
nůn so gmayn ist worden/Solt man es mit schwartzen noten alles schreibe/So
kan man nit vm und vm Bergamen haben/So schlecht auch das Babyr set gern
durch/vnd würd nott/das man alweg nur vff ain seytte notiret/das nem dann
zů vil Babirs/Ist ein ander vrsach mag die seyn/Als man die schwartzen noten hat
gebraucht sür die/welche wir ytzt weiß machen/do hatt man die noten/dye wir
ytz coloriern/Als in den persecten oder vollkumenen zeichen not vff zů zeyten/alle
mit rotter dynten geschriben/vnnd also von zweyen farben die noten gemacht/
So kan nit ietlicher alweg rubricken bey imtragen/darum/Ist es bedacht als
so zů brauchen/vnd in vbung kumen/das mag auch die grosse vrsach seyn/vnd
vnd der andern figuren oder formen der noten aller/des ersten vffsetzers/nach set
nem wolgefallen/Als dann Iuuenalis spricht/Sic volo sic iubeo sit pro ratione
voluntas/Warum aber die note Bzenis genant/ein tempus sey oder gelte/das
ist darum/Dann als man die cõsonantzen hat gefunden/hat man auch den selb
eyn zeyt mussen erdencken wie lang/oder wie kůrtz man vff einer ietlichen halten

folle/oder müsse/Also ist bedacht ein bequemliche zeyt zu bestymen/nit zu lang/ noch zu kurtz/Sunder mittelmessig die zu nemen/Also ist eben die note Breuis genant das mittell/vnd alweg gleich als der positiuus in copatatione gegen den grössern/vnd auch gegen den clainern oder kürtzern/Exemplum gegen den mererenn oder grössern/Nym Breuem für den positiuum/Longam für comparatiuum als das mynder in compas ratione/Longam für comparatiuum als für das merer/Maximam für superla gen den clainern/Gemiß Breuem für comparatiuu/oder für das minder oder clai net/Minimam für superlatiuum als für das aller clainest oder das mynst/So findst du zu allen orten/die Breue die mittelst vnder den noten/Der auch an dem gebürlichsten der name tempois/das ist der gemessenen zeyt zu stett/vnd gleich als die selbig not 𝄺 uff das schlechtist in dem gsang geachtet wirt/vñ beschri ben/also wirt sye auch in der tabulatur mit dem aller schlechtisten vnd clauissten pünctlyn bezaichnet oder dem Buchstaben des schlussels uff dem clauicordio als do steht/

✠ 𝄀 ·· ·· ·· 𝄀 · ̄· ̄· ̄𝄀 ·̿·̿·̿ 𝄀 ·̣ ·̣ ·̣
𝄐 ꞏ ᵃ ᵇ ᶜ ͟ᵈ ͟ᵉ ͟ᶠ ͞ᵍ ͞ᵃ ͞ᵇ ͞ᶜ ͟͞ᵈ ͟͞ᵉ ͟͞ᶠ

21. Ge. Du sagst mir von seltzamen dingen/was ist dann rombus für eyn figur
Ge. Das haissen die geometristen eyn rauten/Nach der selben hab ich dir Singer gefunden/So man eyn quadratur als eyn rautte/offtrechtig in ein andere qua

bratur mit dem zirckell auß tailet/ So wirt die raute eben ein halbs taill der rechten quadratur/ vnd so man dann die andern fiertail nebē der rauten der gantzē quadratur auch zů samen thůt. So werden die selben fiertail dan eben so vill/ so groß/ vnd nit mynder noch mere/ dan der rauten ist. Also habē sye die selbig rauten võ dē halben taill d' rechten quadratur/ ein semibreue genāt/ Der mach zwo ein tēp? oď ein gemessene zyt/ oď ein ē flage als etlich sprechē.

Vnd die selbig semibreue/ vnd alle andere notē die in dem ligaturē/ oder sunst wie die gemacht oder gefundē werdē des namē/ die bezeych-
net/ man alweg in d' tabulatur mit einē slechtē strichlin oder dem Buchstaben des schlüssels vff dem clauir Exemplum

A b c d e f g

A. Was ist dā Komboides für ein figur. Ge. Das ist gleich als wan d' rauten zwo oder drey hinder sich on mittel nacheynander het ab wurden gehenckt/ die haben die geometri geschmiget genant/ vnd die Ginger für zwo noten genent. A. Warum soll diße geschmigte figur zwo noten gelten/ vnd die andern acht. Ge. Darum dañ die figur die hanget vndersich/ vnd mag in eyner luten nit. Ge. Darum dañ die figur nit gestan/ Sunder sie můß ein anders auch Berürn/ sye mocht sunst nit geschmiget erkant werden/ vnnd het kain vnderschaid von der vberlengsten figuren/ Der wird sye zů vill enlich oder gleich/ also das man schůt kaine vor der andern mocht erkennen/ So aber nun die selb geschmigt vnd auch die vberlengt quadratur zů vnser tabulatur nit gebraucht werdē/ dan man kein

maxima oder loga in die tabulaturen gantz setze/Sunder man dividirt die selben
altweg in so vill tēpora/als sie der selben gelten/oder werdt sind/Darum will ich
auch nit weiter itzt sagē/Biß das ich deformatione notarum kum zů schreiben So
aber nůn nichts lengers oder grössers in der tabulatur. Dañ das zeichen tēporis
oder einer Brevē des werdts halb gefundē wirt. Als dañ ein pünctlin in der tabu
latur gibet/vnnd nach dem selben puncten das zaichen eyner semibreven das ist
eyn schlechter langer ftrich/So můß ich dir doch auch die vberigen groffennnotē
des gesanges in den ligaturen zů kennen geben/Das du die dividirē vñ in die ta
bulatur magst transferiren oder vergliechen/So můß ich wider ander erftē qua-
draturen anheben zů sagen/wie vñ was notē eyne vō der andern geformirt wer
den/Dar bey wirfst du das vberig von den geschmigten vnd vberlengten figurē
auch fynden/was dar zů gehort/Und so ich nůn der selbēn erftē quadratur wi-
der gedenck/So find ich das dreyerlay namē vñ notē darauff geformirt werden/
Züm erftenniß es sach das man eyner Brevēn eynen schwantz an macht/So
můß man an dem erften war nemē vff welcher seytten der notē der selbig schwātz
ftee/findst du in auff der rechten seytten gegen dyr anzůsehen/So ist die selb eyn
longa/
Alsdastet

Findest du aber eynen schwantz an der Breuen vff die linck seytte/So mustu ge-
dencken ob der schwantz vbersich oder vndersich stee gemachet/Stet er vbersich/
So muß noch ein note dran hangen/die selbig angebenckte note
mag auch vbersich oder vndersich von der ersten mit dē schwantz
gan/So sind die selbē zwo erstē note alweg zwo semibreuē als do stet.
Und ob die erst note mit dem schwantz vbersich ein quadrirte note were/vnd die
ander darnach auch ein geschmigte würd vnd der würdē
so vil als man wolt an eyn ander gehenckt/So werē dos
ch die erstē zwo dannest/alweg zwo semibreuē als do stet/
Und das ist auch des schwantz halb vff der lincken seytten vbersich geende/
von den geschmigten gesagt/als so die erst vnd die ander baid
geschmiget werē vn sunst noch vil dran gehenckt wurden. So
sind doch alweg die erstē zwo/alweg zwo semibreuē als do stet.
Findest du aber an der ersten quadratur die eyn tempus oder eyn Breue ist/ey
nen schwantz/der von der noten vornen aff der lincken seytten herab gat/So
muß alweg noch eyn andere not wid er eyn quadratür oder ein geschmigte an B
ersten hangē vnd die muß vndersich vnd nit vbersich hangen
So ist alweg die erste ein Breue es hangē pil oder wenig daran
als do stet.
quadruirt oder geschmiget

Und das ist auch von dem schwantz gesagt/wann der
vß der lincken seytten vornen von d' geschmigten noten het aß
gett. So ist alweg die erste ein Breue als do stet
Wañ aber die erst quadratur der breue alleyn stat. So
ist ein breue bemekt man ir aber ein ander noten an/vñ
das die selbig auß angehecht not niderer dañ die erste
quadratur stet/So ist die erst alweg ein lõga als do
Und das ist auch von der geschmigten gesagt/wann
ye on eyn schwantz gantz frey stet/ So ist alweg dye
ß eyn longa/   als do stett.
Von der ersten fiererkcten quadraturen die ein Breue ist/muß ich dir noch eins
sagen/So offt du in eyner ligaturen der selbñ quadratur eyne/für die letste note
findest/vñ das die selbig note/von d' nechstñ
dar vor her ab hanget vñ fierecket gemacht
stet/ So ist dye selbig letste alweg eyn lõga
Dar zu soltu wissen das in eyner zettlichen ligaturñ alweg die drit die fierde die
fünffte die sechste die sibendt die achte. rc. alwege Breues sind/es sy
dañ das die letst ein fierecte note sey/vñ von d' nechstñ alweg her
ab hang/ So ist die selb letst einlonga/   als do stett

So aber vornen die ersten zwo noten zwo semibreven werẽ/vnd hing die dryt streckt not von den herab/So wurdt dye dryt not eyn longa als do stett/

Wañ aber die letst nott in eyner ligatur streckst ist/vnd von der on eyner der letsten vbersich hyn vsfgeet/So ist die selbig letste alweg eyn Breue Als do stett/

Vnnd wie woll ich oben gesagt hab/das nichts lengers noch grössers in der tabulatur sye/dann das tempus alain. So acht ich/das dz selbig gleich sey als wer es etwas dẽ quantitate continua/dye in dem meren oder grosser entlich/aber durch dye minderung/ye lenger ye clayner wirtt/byß schiert in das Infinitum/hyn eyn/Darumb so nuß ich wider sagen von der tauren welche die Singer eyn semibreue nennen/vnnd will dye andern noten (Als dye raut von dem halbẽ taill der rechten quadratur)auff der selben formieren Deriectlich vmb das halb tayl ye mere vnnd mere ab nymmt/vnnd sprich also findest du an eyner rautten oder an eyner Semibreuen ayn schwantz stan/Es sye vberstich oder vndersich/das gylt gleich So wirt die selbig von den Singern eyn minima genant/vnd durch die instrumentisten mit eynem hecklin Bezeichnet/vñ thecklin gelten dan fiere eyn selbags oder ein tepus als do stett.

Fyndest du dann dye selbig minima schwartz gemacht/So nennen sye die
Singer eyn semiminima/Unnd dye bezeychnen die instru=
mentissen mit zwayen hecklin und gelten acht eyn tempus
Als do steet/

Findest du aber in dem gsang die rautten schwartz/mit eynem schwantz und
eyn hecklin dran/So haissen die singer die selbig ein fusele/vn̄ die in=
strumentissen die bezeichnen die mit dryen hecklin/der selben gelten
dann sechzehen eyn tempus als do steet/

Fyndest du dann in dein gsang die selbig fusel mit zwayen hecklin/So heissen
die Singer die selb eyn fusele/die bezeychnen dann dye instrumē=
tissen mit fier hecklin/vnnd der gelten dann zway vnd treissig ein
tempus als do steet/

Also magst du nun alle noten kennen/es sye von den simpeln oder von den
geformirten frey oder in den ligaturen/So hast du doch in der tabulatur nit
mer dann die seyerlay der zaych̄/der magst du dich
zu allen instrumenten/vnnd der selben instrumen=
ten/tabulaturen gebrauchen Als do steet/

Du hast mit von fyerfy gueren der quadraturen gesagt/vnnd von den
ersten dreyen genug geschrybē/Wo bleybt nun dye vberlengt quadratur/was
cherlay noic werd dan auch auff d selbē geformiert/vn̄ du mir auch die alsam
zu virstn

nůn genennet hast/vñ ich sie gleich wol kéne/wert wil mir dañ nůn sage was ieth che weil seye oder gelte ℞. Du fragest recht/dañ ich hab dir võ der selbē vber= lengten figur nichts besūders gesagt/Das soltu aber dar von mercken/Das die finger die selbig figur ongeferlich dreyer oder fier vireuen lang/vnd auff die recht seytten der selbens/ayn schwantz machen/vnder sich/oder vberstich/vnnd das gylt gleich/vnd nennen die selb note maxinam vnnd auff der wirtt kayn andere note mere geformiert/Dann spealweg Bleybt das zweyt

Sie sol auch alweg auff dem gesang in die tabulatur getailet werden per tēm= pora/So du aber weyter fragest/Wie du nůn erkennen mogest/was der noten ein ietliche gelte/Sag ich das man das nit woll erkennen mag on sunderliche ge= weise aufferlich oder inñerlicher zaichen/Dar zu gehört auch noch vil das dir note werx zu wissen/De musica figurativa das ich alles in das ander büch behalt/das bedarff wolls. capittel de modo/tempore/et prolatione/Und der mere/Solt ich dir von den allen hye sagen/Was hett ich dañ zu dem gantzen büch dir vñ andern darnach für zu schreyben/Darum so iches nit alles zu disem male in das tractäulin mag bringen von kurtze wegen/So laß dich zu disem male geniegen/ vnd nym die weil kein gesang für dich zů tabuliere /dañ den welcher de tãpore imperfecto ist also bezeichnet in dem gylt ein ietliche maxima fier tempora   Als dostett

Eyn yetliche longa zway tempora/vnnd das nympt man auß der kunst der metrificatur.

Ayn yetlich tempus zwo semibreuen Als do stett.

Ayn ietliche semibreue zwo minimas als do stett.

Ayn yetliche minima zwo semiminimas als do stett.

Ayn ietliche semi minima zwo fusclen als do stett/

Ayn ietliche fusele zwo semifusclen als do stet/

Also hast du auch fürerlay pausen/aynes bievum pausen Bezeichnet man in d tabulatur mit aynem strich/ oben herab von der linien als do stett. Ayner semibreuen pauß die macht man mit eynem strichli hyn auff gende von der linien Als do stett.

Aynr minimen pauß macht man mit eym bectlin uff d' linie als do stet/ ⊥

Ayne Seminiminen pausen macht man mit zwayen bectlin uff d' linien/ Kurtzer mag man nit wol pausiren/ Darum will ichs auch hie lassend dar bey blibn̄/ Von den puncten des gesangs/ will ich dir auch kurtze underrichtung geben/ Zum ersten wiß das du zwayerlay puncten in dem gesang hast/ Der erst haisst punctus additionis/ der ander punctus diuisionis. Der erst punctus additionis/ der gilt alweg halbs tail der noten nach der er gesetzt wirt/ Als setzt man in nach eine maxima/ so gilt er eyn longa/ setzt man in nach ayne longa/ so gilt er ein breue/ Setzt man in nach eine breuen/ So gilt er eyn semibreuen/ vnd also forter/ Vnd der muß alweg gesungen werden/ Der ander punct diuisionis/ Der hat bye kain statt/ dañ allain in den perfecten zaichnen/ vnd der wirt nymer gesungen/ vñ soll auch alweg vor der noten stan/ die er diuidiert. Etliche dye setzen aber dreyerlay oder fireulay namen der puncten/ vnd sagen eyn/ sey punctus perfectionis/ der ander / punctus Diuisionis/ der dryt / punctus Alterationis/ der fierdt /punctus Additionis/ Vnd machen vill wort dar von/ Dar zu sag ich/ das mich der punctus Additionis/ vnnd Addicionis wol benüget/ Dann der punctus zwayer puncten Diuisionis/ ist nyndert zu Brauchen noch zu setzen/ Dann allayn in modo maio ri perfecto/ oder in modo minori perfecto/ oder in tempore perfecto/ oder in prola tione perfecta/ Dar zu in etlichen proporgen/ Dar von ich hernach will sagen/ Dann was gediuidirt wirt/ das alterirt sich nymer mer/ Vnd do wirt alweg durch denn punctrum Diuisionis perfectio erkant/vnnd derselben zeychen synd noch mer dann des púnctlins/Als das zeychen Coloris/oder der schwartze der notē/auch der pausen/Dar zů der ligaturē/Drum will ichs hie bey dem zwayē punctē lassen bleißen eyn andermag die nennē wie er wil. Das sey dir gesagt võ dē noten/dar zů võ den pausen vnd puncten des imperfecten zeichē/Des ketregist du dich woll Biß das ander buch fertig wirt/Nun wil ich dir eyn kurtz lidlin für geben in den noten/vnd dar nach das selbig in die tabulatur der Orgeln tran ssferien/So vill sey dir võ der orgeln oder võ dem Clauicordio gesagt/Nun sich das lidlen an/vnd thů dem andern gfang auch also/oder du tranffferirn wilt.

Das nach folgende liedlin ist gemacht vff die

drey Responß/von vnser lieben frawen/Das erst gesetz das ist das responß/Sancta et inmaculata virginitas/Das ander ist Suschpe verbum viago o Maria/das ZZ iſt das Responß Felix namq3es sacra virgo maria.

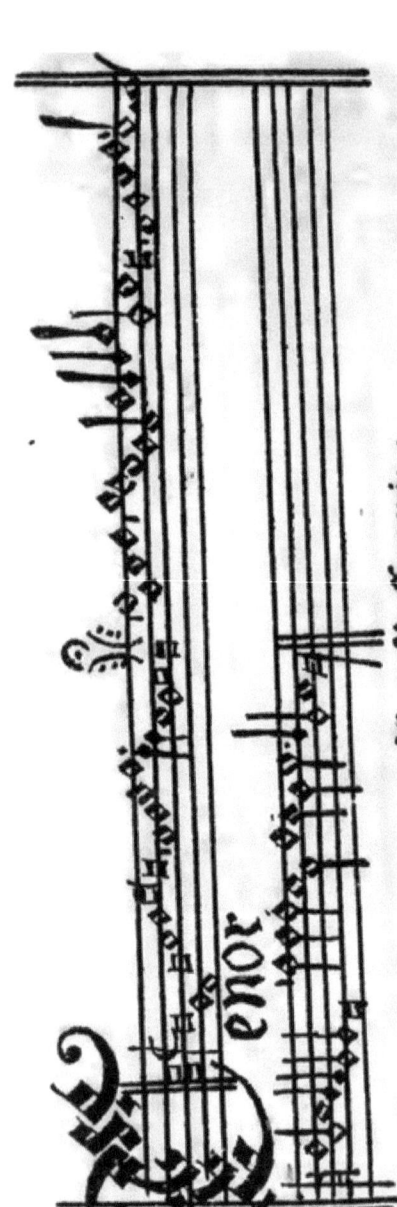

O haylige/onbeflecte/zart iunckfrawschafft marie ⁘
was lobs vnd zir/solllich von dir/sagen dan du hast ye
in deiner schoß getragen durr/leiplichen plos/Biß inder geburt
den welchen doch/die hymel noch/begreiffen mochten nye ⁘

Nym an das wort/du höchster hort/maria iunckfraw rayne ⁘
Das dir von gott/verkundet hort/sant gabriel allayne ⁘
Du wirdt gebern/mit aller zir/gott vnsern herrn/drum sprechen wir/
voll das du seyst/die g Benedeyst/ob allen frawen gmayne ⁘

Selig biß du/haylig dar zu/O maria iunckfrawe
dar zu du biß/die wir digkift/als lobs so ich dich schawe ⁘
Dan von dir gmaide/ist vnß die frut/der gerecht ait/entsprungen nun
vnser Jesus xps/ioargot Christus/Bitt für vnß als ich trawe ⁘

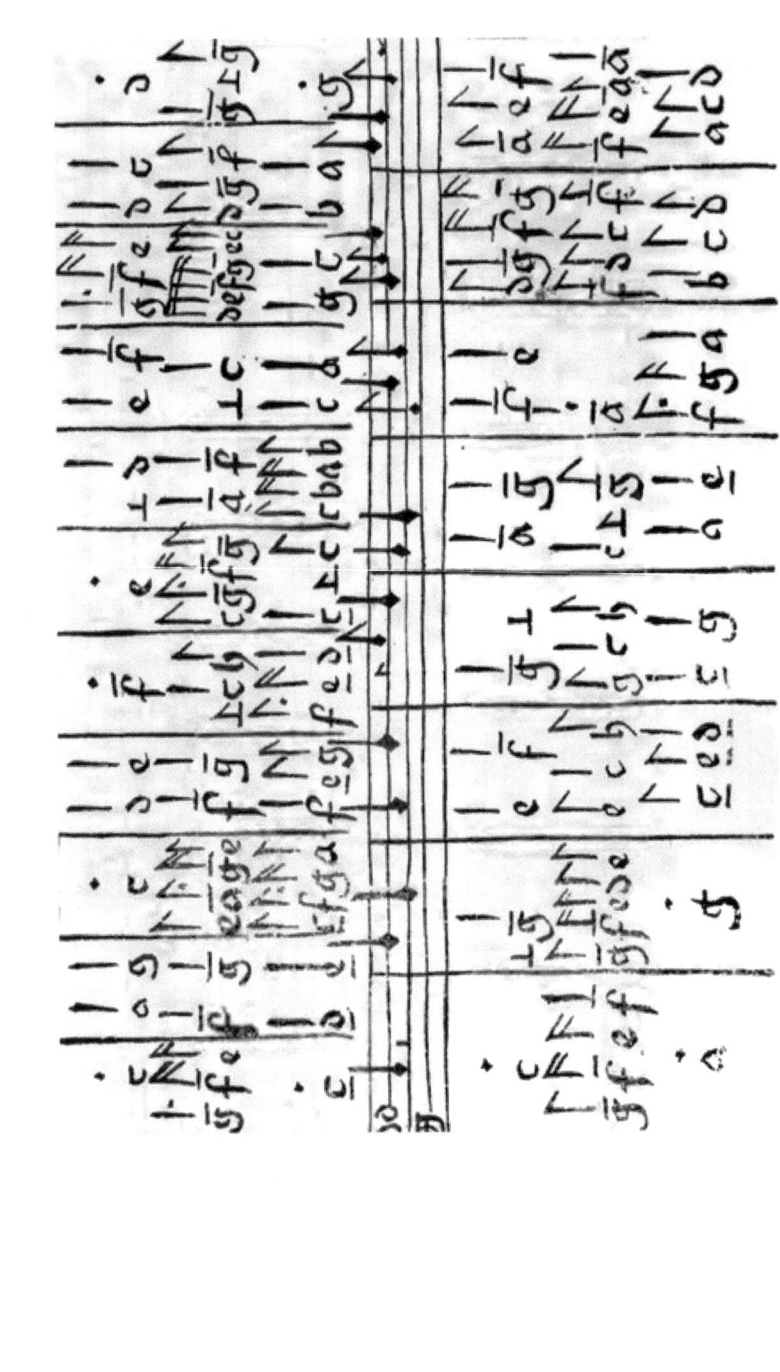

Sie hatt ein endt das liedlin
heylige, onbefleckt, zart
vnnd tranfshafft marie.

A. So du nun so kurtz ab brichest/vnd mir yemer auff das gantz buch zyleist/ So muß ichs auch darbey lassen bleiben/Wie soll ich aber nun auff die laute lernen tabulieren.   Se. Uff der lauten Tabuliern vnnd spylen zu lernen/Wiln dē anders. Wie du dye besichen solt oder stellen/Zu dem drytē/wie vill du bünd darauff must haben/zům fierden/mustu den tragen beschreiben/ oder bezaichnen lernen/Zů dem fünfften/Dyeselben zaichen der buchstaben/in der lauteren od' in der hend Guidonis/lernen durch zwayerlay geschlecht der musica/Zů leist alles das/was in dem gesang de tempo zu imperfecto dir für kumpt/das zu traufferieren/auß den noten/in die zaichen/oder in die buchstaben/die du auff dem trasgen/vnnd in der hend oder lautern findest beschriben/Nach der lenge vn kürtze der noten/Als du vor auch von dem Claucordio hast gehört/das alles/will ich dich mit gar kurtzen worten vnderrichten/Vnnd dir darnach das/durch diesi gůten zů augen scheyn für legen/Das du mich liderlich magst verstan. A. So sag mir/wie vill müssen der saytten/oder koze seyn. Seba.   Etlich lutinissen dye spylen auff neün saytten/dye haben nur fünff töze/Etlich spylen auff aylff saytten/dye haben sex koze/Etlich spylen offt dreyzehen saytten/oder fürgehen/ vnnd dye haben siben koze/Auß den magst du dir selb für nemen/was du wilt/ So hab ich fürerlay tabulatur/in dem grossen buch/der magst du dir auch eine auß in allen fürnemen/welche dir gefellet/Nach der selben will ich dich lernen/.

J iij

A. Ließ der rott selber zů/ Wie vill solich sayttennemen/welche ist auch die beste vnder den tabulaturen darnach zůlernen/das magst du mir bas anzeigen/dann ich erwelen kan/ Darumb setze ich dir ebaim/mir selb eyne fürzůgeben/vn̄ nach der selben wil ich lernen. Se. Uff neün sayttren zůlernen/bedunckt mich zů wenig/dreyzehen vnnd fierzehen haben nitt alle lautten/ Darumb rott ich dir/du nemest an eyn lautte von aynlaff sayten/die find ieman schier allenthalben/ zů der willich dir eyn tabulatur fürgeben/welche die aller gmaynst vnd fatlichst ist. A. Ich Byn des woll zů friden/ Sag mir gleich an von b lautten mitt den ainlaff sayten. Se. Du můßt zů vor an wissen/das die aynlff sayrtē/in sex torē getailet werden/ altwegen zwo sayrten für aynē tore/ außgenomen die quint sayrte/ dye batt gemainlich nur ayn aynige sayre/ auff irem tor/ auff allayne/ der selben sex tore/batt auch ayn iettlicher seynen aygnen namen. A. Wie haissen die selben tore. Se. Der erst tor/ wirt der groß prummer genant/vnd von ayner grossen/oder dicken sayten bezogen/ Der ander tor ist der mitler prummer geheyssen/vnnd wirtt auch mit ayner groben/oder dicken sayten bezogen/ aber doch etwas clainer dann der erste. Des gleichen witt auch der dritter/mit ainer groben saitten bezogen/aber noch etwas clayner/vn̄ wirt der clain prummer genant/ Syfen dreyen prumern/macht man zů iettlicher grossen saitten/ noch ein sayte/die mittelmeßig ist/vnd zeüch oder steller die selben/ir iettliche ein octaue über den prummer/dem sie zů gesellet wirtt. A. Warumb thůt man das.

Ge. Dann die groſſen ſaitten/wie woll ſye grob vnd groſz ſynd. So mag man ſye doch/nit ſo laut oder ſo ſtarck hören clyngen/in die weite/als die claynen/ ob die hoben/ Darumb geit man in die octauen zů/das ſie die andern gleich gebot werden.   A.   Wie macht man dañ die andern drey kor.   Ge.   Den ſurrenkor. Bezeucht man mitt zwayen mittelmeſſingen ſaitten/Der kayne groſſer noch clai=ner auch kayne niderer geſteller noch hocher dañ die ander iſt. Sunder ſie müſ=ſen eyn vniſonum/oder eyn gleiche ſtym haben/vnd den ſelben ſierten kor baiſ=ſet man/die groſz ſanct ſayt. Der fünfft kor/ſol auch alſo mit zwayen gleiche ſait ten bezogen werden/ Vnd iſt nit bōſz das die ſelben noch ettwas clayners ſynd) dann die ſaytten des ſierdten kors/vnnd ſollen auch Bayde gleiche ſtymmen ha= ben/den ſelben fünfften kor/nēnet man die clayñ ſanct ſaitte. A. Wie beʒeücht man dann den ſerren kor.   Ge.   Mit eyner raynen/guten/gleichen/ſaytten, vnd die muſz du alſo erkennen/rañ du ein geſündlin ſaitten vſſ thuiſt/ So nim die ſaytt für dich/ſo lang als du ir bedorffeſt/ Vſſ die lautte vnnd ſpañ die vor eyn wenig in deynen baiden henden/ Schlage dañ mit eynem daumen auff die ſaitte Alſo das ſy e ʒ ittern wirt/ vnd ʒummē/ So ſye dañ ʒitteret/ vnd ſo vil du der ſel= ben ſaytten/widerſchlagung oder erſcheinung minder ſichſt. So vill iſt ſye deſter Beſſer/So vill du ir mer ſichſt/So vill iſt ſye deſter Böſer/ die hart dañ aynen kor allain/vnd hauſſer die quintſaytt Als do ſtett.

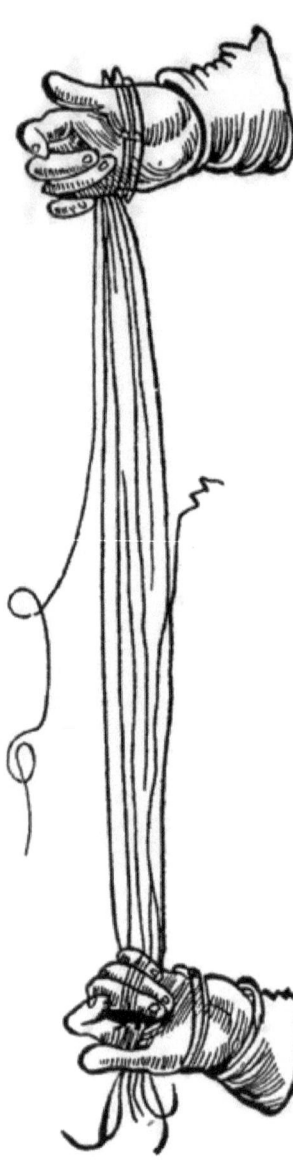

Vnd die selbẽ sayttẽ allesampt vñ lautẽ/ Die sollen von den saittern seyn/die man auß dē dermē od auß dē ingeweide/d's schaffe machet/vñ wol sie Boetius vñ auch musici neruos bayssen/gleich als ob sie auß den adern d's thiere were gemacht/ das mag villicht vorzeittē also gewesen seyn/das mā sie auß dē adern gmacht hat/ aber ietzūdt/macht mā die selbē saittē d's lauttē/auch d's groffen vñ claine gengē/auch d's harpffē/vñ des harpfentnues/auch des drum schreits/alle allain auß den schaue dermē/die andern instrumēt aber/d's habē etliche messen/etlich stebelenē saittē/die selbē wollē sich/zū d's lautē nit lassen brauchē/Dañ so mā die in dē Bundē mit blossē fingern angreiffet/So wollē sie nit so wol lautten/als so man sie mit eysen/oβ holz anschlecht/darum mußt du wissen/die vnderschaidt/vnd yetlichem instrumēt zū geben/das im zū gehort vnnd kain anders.

A. Wolan du hast mir gesagt/wie ich die lauter bezeichnē solle/Auch die saitē vñ die tōn mit irē aigenē namē nenne. Nun/sag mir auch/wie ich sie stellen/oder stȳmen solle.   Ge.   Letlich lucinistē/die stelle den erstē tōn/den sie dē groſſen prūmer nennē/ein quint vnd den mitlern prūmer. Aber das ist nit der gebrauch aller luti nistē/darumb weil ichs auch nit an nemē zů beschreibē/Sunder vō ů bung/die iezt in vnser zeit verhandē ist/vñ d selbig gebzaucht/wirt also gefundē/das alweg ein ieticher tōn/ein quart vber dē andern gesteller wirt/auffgenomē d clain prūmer/ vñ die groß sanctfait/Die zwo allain die werdē ein dironū/das ist ein gāg terz/ von ein and oder vbereinander gesteller/oder gezogē/ Sier mā vō zwayē gantzen thonen macht/ vñ das du das recht verstādeſt/So ſetz es alſo. Als wer dieſſym/ des erſtē tōrs/welcher d groß prūmer iſt genāt Are in ſpacio. Darnach die ſtym des mitlern prūmers/des andern tōrs ſtolt ein linea Darnach die ſtim des dritē tōrs: oder des clainē prūmers gſtolt rein in ſpacio/Der iedlicher iſt ein quart an ein ander/Synaphe dar bey das iſt coniūctim oder beyeinād/oder aneinand hangēnd/ jo wol ſy ab dē drittē tōn iſt/biß zů de fierden tōn ſoll ein terz ſeyn die groß ſanctfait vber den clainen prūmer/das wirt m in a fabmi/vnd iſt die zeūffis/das iſt diſtinctim vō einander/darnach zeuch die clain ſanctſaitt/ein quart vber die groß ſanctfait/Die Bring dir die clain ſanctſaitte/die bring dir clam in linea/ Darnach zeuch den letzten tōn/ein quart vber die clain ſanctfait/die ſextōn/als du in diſer figur magſt ſehen.

X

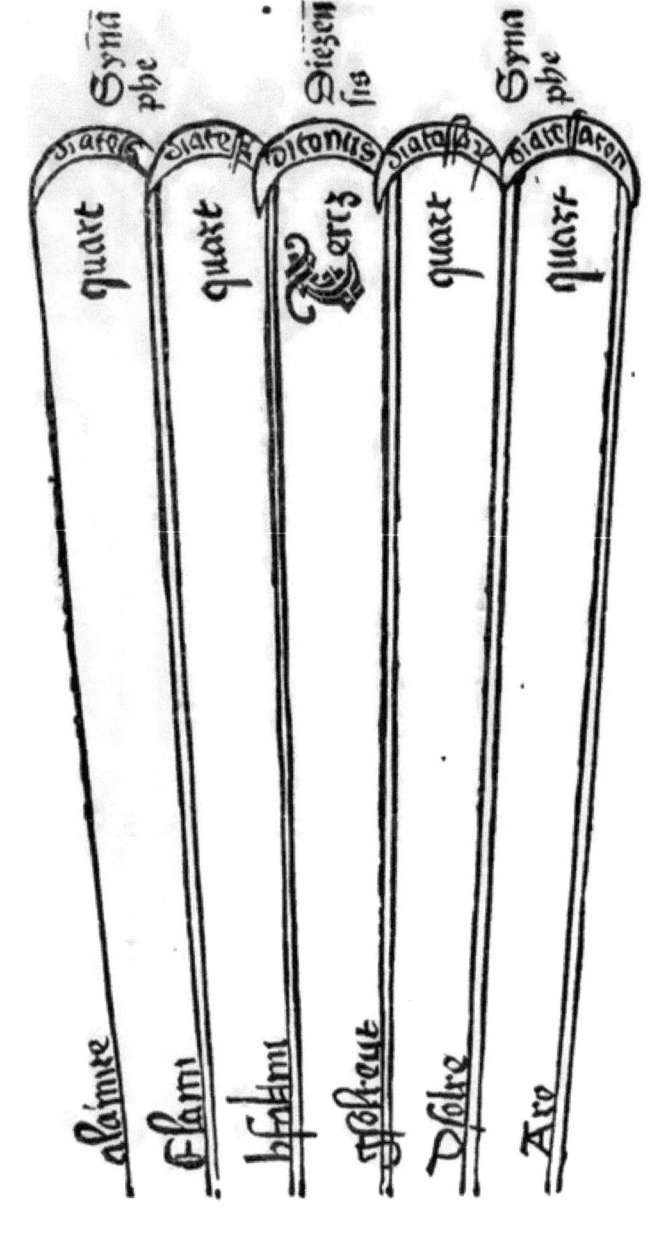

A. Das verstreichnun auch woll/Nun sag mir weiter wie mit sich lerne auff die lautte tabulieren. Se. Du mußt vor bin wissen von dzale der Bünde/Dar zü wie man den tragē bezaichnen soll/vn was mā greiffen oder ongegriffen müß schlagen oder zwicken. A. Das kan ich woll gedencken darumb begere ich vnderwisen zü werdē. Se. Die lutinisten haben gmainlich siben Bünde vff d'lutē/ Wir asynlaß saytten in den siben Bünden/vnd auch in den ledigen tönen/habē sie von areynden an bin auff zü gan biß vnd das ela/durch alle stymmen. der zwayer geschlecht der musica/Diatonicū vnd Cromaticū genant/als ich dir auch vor gezaigt vnd gesagt hab von dem Clauicordio/Dar zü habē sie zü merern maln ir vnisonos/vñgenome etliches hab von dem Clauicordio/Dar zü habē sie zü merern maln ir are Biß in d'solre/Ses gliche etlicher gar nidrisste od' es grösste primete stymē als sye hören rüfft/vnd das darumb/Dañ so man vnderweilen eyn stym auff eynem kor greiffet/vnd ein ander cōsonanz darzü habē müß die auch woll auff dē selben kor gefunden werde/So müß man dañ den vnisonum dar für suchen uff eynem andern kore vff das d3 die consonanz zü eynem male gleich mit einander clinge oder lautte/vnd nit nacheynander/Als ich auch vorgesagt hab von der eynigen sait ten des clauicordy. A. Das wundert mich sere soll man so vill stymen. auff der laßtten als auff dem clauicordio haben/auch baiderlay geschlecht. Se. Ja du haft die stymē baiderlay geschlecht alle auff dē halbē tragē/vñ dar zü vff dē obertigen taill des tragens schir aller stymmen vnisonos vn vff d' quint satte schier ein

x ij

octaue Biß zů dem stern vber alle Bünd. A. Das zaig mir vnd lerne mich den
kragen verzaichnen. Ge. Der gebrauch der lucinsten ist also das sie die sex kor=
re die ich dich vor hab lernen stellen/ mit fünff ziffern Bezaichnet/ vnd das ist zů dē
neün saitten also erdacht/ Aber zů dē zwölff sartten dupliern sie das ains/ vn̄ spre=
chē das des groffen pŭmers zale das groß ains haisse/ vn̄ machē ein langen strich
mit zwayen püncktln als ein kron vff den langen strich/ zů vnderschaid des clainē
ains als do stet ꝥ vn̄ der kor oder der ziffern aller greiffen sie kaine/ Sund sy las=
sen den selbē kor die styn geben die im die natur geyt so man vff den selbē schlecht.
Also bedeütet der selbig strich der eins in der zale Bedeüt ī alweg ain in der tabu-
latur/ Des gleichen machen sie zů dē mittlern pŭmer/ ein ledig ob ein freye zif-
fer/ die eyns in der zale dut als do ↓ vnd das haissen sie das claynayne/ das Be-
deüt auch ꝥ ꝥ bsolte/ ledig vn̄ on angegriffen in ſt tabulatur/ Zů dē dritē kor wel-
cher der clain pŭmer genāt/ vn̄ gholreüt ist dē Bezaichnē sye mit einer zale die zwey
Bedeür als do stet ꞁ. Den fierden kor der die groß sanctfairt vnd bfabmi genant
ist/ den Bezaichen sye mit eyner ziffern/ dye drey in der zale gilt als do stet ꞃ. Den
fünfften kor/ der die clayn sanctfayr/ vnd elami genant ist den Bezaichnen sye mit
eyner ziffern die fier in der zall Bedeüt als do stet/ 4 Den sexten kor der die quint
sayr vnd alamire in spacio ist/ den Bezaichnen sye mit eyner ziffern die fünffte in
der zall Bedeüt/ als stet ·5· Vnd die vff dē kragen vorzaugen gemacht sicht.

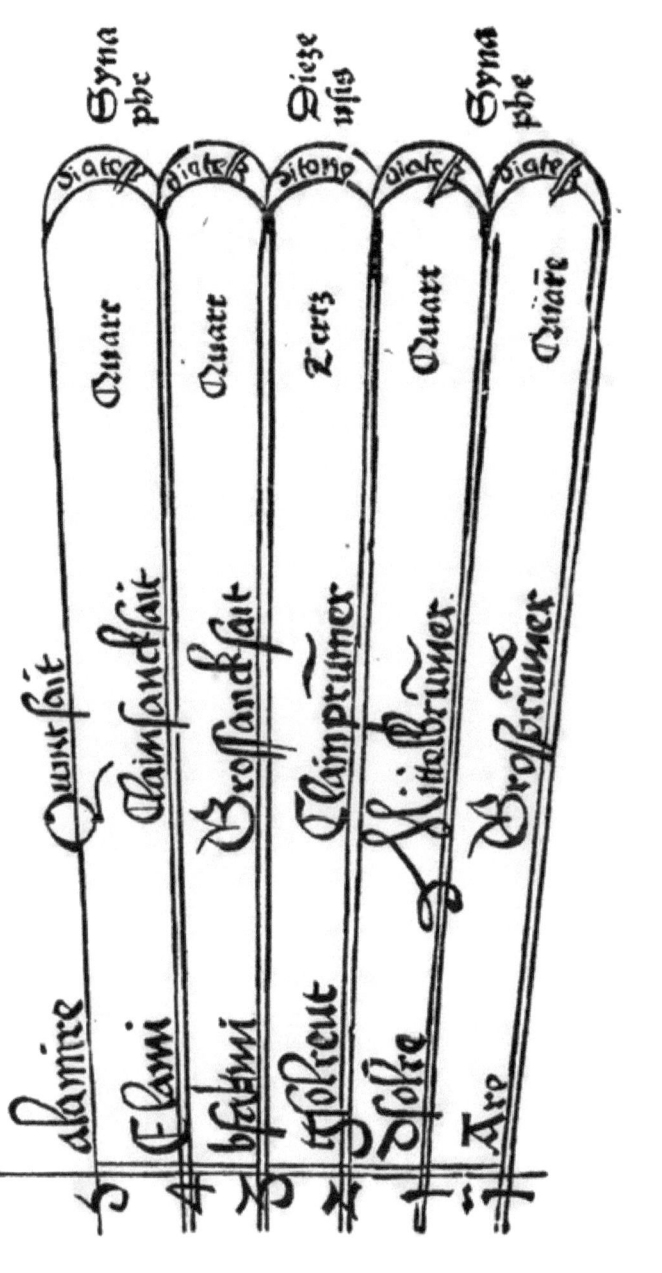

A. Wie muß ich nun den Fragen bezeichnen. S. Ich höre das ayn Blind zu nürenberg geborn vñ zu münchey begraben sie gewesen/hatt meister Conrat von nürenberg gehaissen/der zu seyner zeyt vor ander instrumentisten gelopt vnnd gerümptt sey worden/Der hatt auf den tragen der Fünff töre/vnnd vff siben Bünde das gantz alphabet haissen schreiben/vnnd als das ayn mall auß ist gewesen/hatt er wider von vornen an dem alphabet angefangen/vñ die selbe Buchstaben alle des andern alphabets dupliert/vnd darauff mag ich verstä das er nit mer dañ neün saittehöff blautte hatt gehabt/Aber hernach finde ettlich an dere künne/Der ich eyne tails d ersten anfenger von hören sagen gehebt hab/die eben auch die selb tabulatur also gebraucht/Wie er sye für gegeben hatt/Vnnd noch zwo saitten das ist den sexten tor darzu gethon/vñ die selben Buchstaben des sexten tors der iegund der erst/oder der groß prümer genant ist/Den haben sye eben mir den selben Buchstaben/Als die die sind des mittlern prümers Bezaichnet alain das sye die selbe Büchstäbẽ durch grosse verfalia auff die töre vñ auff die Bund der lautten haben geschriben/vnd die genant das groß A/das groß B/das groß C/L das groß D das groß E das groß F das groß G Das selben zu greiffen/zu schlagen/zu zwicken/Als du in der figur sehen magst.

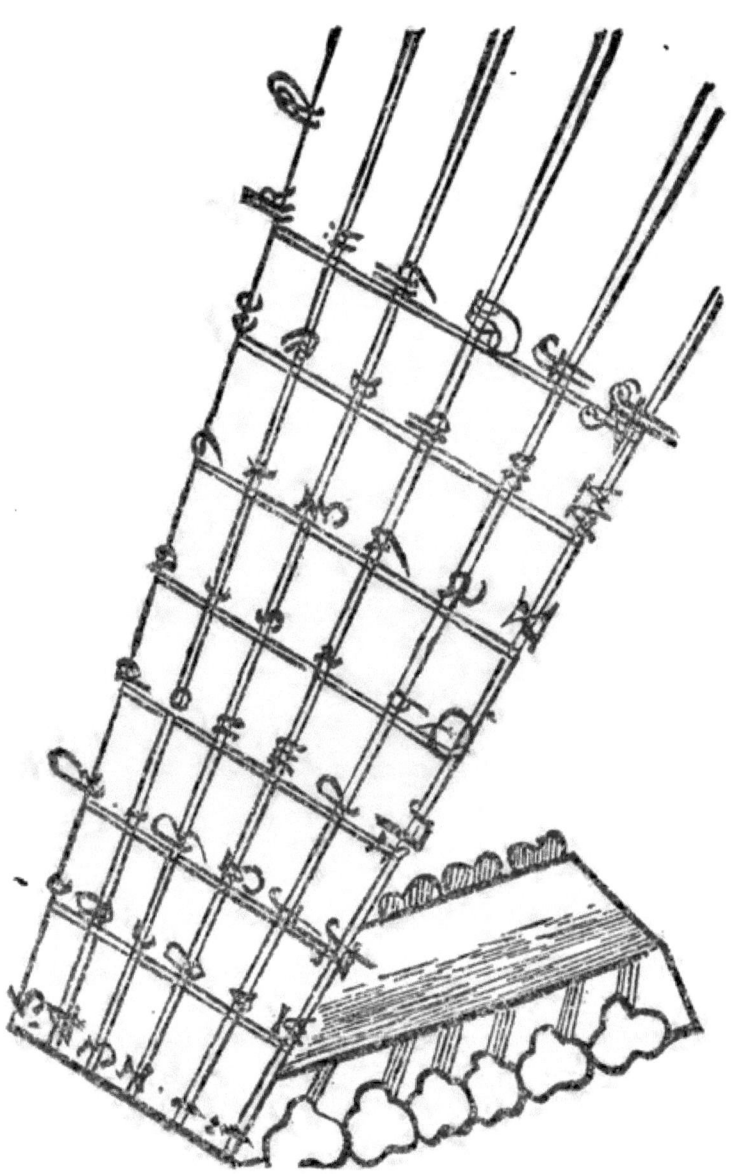

A. Ich hab nůn ein anzale der sexton/vnd der siben Bünd/das zů die Beschrei
bung der Buchstaben/derzale/vnd der alphabete von dir verstanden. Wie mag
ich nun wissen wo hyn oder wie ferre ich yetlichen Bund von dem andern soll stel
len oder machen. Ge. Das ist nit wol zů Beschreyben/wie ferre eyn yettlicher
von dem andern soll oder můsse stan. Wie wol man doch die mensur nach dē pro
portzen gewißlich mag Beschreißen/So ist doch das gar ongeuariß/dann dar trag
hat gemainlich siben Bünde/So hatt auch ein yettlicher fōr eyn aigne freye stim/
vn̄ darnach etlich vō eynem Bund zů dem andern ayn semitonium/So mag to
nus als Boetius spricht nit in zwey gleiche semitonia getailet werden/Dann to
nus ist in proportione sesquioctaua gegründet/das ist in der gegenhaltung nein
gegen achten/nůn ist zwischen achten/vnnd neünen kain mittel der zale. A.
Das ist mir schwer zů versteen/darům erclere mirs bas. Ge. Es gehört in
die schůle als etlich sprechen/Die anderst nichts dar zů kůnnen reden/Darum
will ichs auch Behalten in das ander Bůch/Werckh es allein/das die laütre siben
Bünd hatt/Nůn auff die siben Bünd/vnd sexton/Ist das der gmayn gebrauch
der lutinisten/Das die erstestim des großen prumers/freyledig ongegriffen/
Are diatonice genant ist/vnd das are oder die stym der saytten/wirt mir eynem
langen strich Bezaychet/der ebenzway punctlyn als ain crōnlyn auffim tregt/
der ayn ein der kunst der zale gilt als do steet. j Vnd das haißt man das groß
A. Nůn von der selben vndrißten stym/des großen Bummers an zů zelen/
ayns/

will ich dich lernen alle stymmen der obgemelten zwayer geschlecht zu finden/vn̄ be
zaichne bin auff zu gan/gradatim oder nacheinander/Biß in die höchst stim des si-
benden Bunds des sechßstē tons/vñ die quintsaitt genāt ist/vnd wie wol ich dir das
gnugsam in den figuren oder von der hende zaigen mocht e leichtlich zu verstan/
So muß ich doch den andern zu gefallen dise ding gar beschreiben/Uff das/dz
ein iettlicher der sich solches auß den figuren nit verrichten mocht/das er die figu-
ren für sich lege vnd darnach daß büchlin darüber lese Biß er das verstan mag.
Und so du nun von are hin auff wilt gan/So greiff vñ schlage oder zwick den
ersten tor welcher der groß prümer genant ist in dē ersten bund/Der geit dir sa in
hm̄ der linien Cromat ζvnd würdt mit einem grossen A bezeichnet.
Darnach greiff vnd schlage vff den ersten tor in dem zwayten Bundt es gibt
dir mi in hm̄ der linien diatr vnd das bezeichnet man mit einem 2 verzogen vor
einem grossen f als do stett F vnd heißt das groß F.
Greiff vnd schlache auff den ersten tor in dem drytten Bund der geit dir sa in
chant diat vnd das bezeichnet man mit einem 2 vor eynem l als do statt 2L vnd
haißt das groß 2L.
Greiff vnd schlage vff den ersten tor/in dē fierden Bund/das bringt dir mi in
chant Cromat vñ wirt bezeichnet vnd genennet durch ein grosses C.
Greiff vnd schlage vff den ersten tor in dem fünfften bund/So würstu dolre hör
diat vñ das bezeichnet mā mit einē grossen X vnñß ein vnison" mit dē cleinē eins
Greiff vñ schlage vff dem ersten tor in dē sexten Bund/so wirst du fa in elamī dē spa-

L

cio finde Cromat vñ ist mit dupelē grossen AA bezeichnet/vñ ist vnison° mit dē
Greiff vnd schlage vff den ersten kor/in dem sibenden bund/ (claine a
so findest du mit in elami diat/das wirt mit dupplirten grossen z F F hinden mitt
eynem z verzogen bezeichnet/ Vnd das ist vnisonus mit dem clainen f.

Der ander kor.

Nun fotter zu gan so schlage den zwayten kor frey ledig vñ greiff in mit an/der
geyt dsolre diat/vnd das wirt bezeichnet durch ein clauis ayns als do stett j.
Greiff vnd schlage den zwayten kor in dem ersten bund/das bringt dir fa in elami
Cromat/vnd wirt mit eynem clainen a bezeichnet.
Greiff vnd schlage den zwayten kor/in dem zwayten bund/das bringt dir mi
in gelami diat/vnd wirt mit eynem schlechten clainen f bezeichnet.
Greiff vñ schlage den zwayten kor/in dem dritten bund/das bringt dir fa in ffaut b
linien diat/vnd wirt durch ein clein schlechtes l bezeichet vñ hart kein vnisonū.
Greiff vñ schlage den zwayten kor/in dē fierdē bund/das bringt dir min ffaut
der linien Cromat/vñ wirt durch ein clauis q bezeichnet/hatt kain vnisonum.
Greiff vnnd schlage auff den zwayten kor/in dem funffsten bund/das bringt
dir gsolreut diat/vnd wirt mit eynem clainen r bezeichner/ist vnisonus mit der
freyen zale die zway in der ziffern bedeütet.
Greiff vñ schlag dē zwaitē kor/in dem sertē bund/das bringt dir fa in alamire/
Cromat/vñ wirt durch zway claine as bezeichnet/das ist vnison° mit dē claine b

Greiff vnd schlage den zwayten tor/ in dem sibenden Bund/das bringt dir min alamire diāt/vnd wirt durch zway ſſ bezaichnet/wirt vniſonus mit dem claurē g vnd alſo haſt du der tor zwen.

Der Dryttor.

Der drytt tor ledig/ vngegriffen bringt gſolreut in ſpacio diāt/ vnd wirt durch eyn zifſer bezaichnet/die zway in der zale gilt als do ſtett 2.
Greiff vnd ſchlage vff den dritten tor/ in dem erſten Bund/das bringt dir ſa in alamire Cromāt/ vnd wirt durch ein clain b bezaichnet.
Greiff vñ ſchlage vff dē drytten tor/ in dem zwayten Bund/das bringt dur mi in alamire diāt/ vnd wirt durch ein clayn g bezaichnet.
Greiff vñ ſchlage vff den dritten tor/ in dem drytten Bund/das bryngt dyr ſa in bfabmi vnd wirt mit eynem m bezaichnet.
Greiff vnd ſchlage vff den drytten tor/ in dem fünfften Bund das bringt die mi in bfabmi/ vnd wirt mit eynem x bezaichnet.
Greiff vnd ſchlage vff den drytten tor/ in dem fünfften Bund/das bringt dir fa in cſolfaut diat/ vnd wirt mit eynem y bezaichnet vñ wirt vniſonus mit dē c
Greiff vnd ſchlage auff den drytten tor/ in dē ſextē Bund/das bringt die mi in cſolfaut Cromāt/ vn wirt durch dupel ʃʃ bezaichnet iſt vniſonus mit dē h.

du nun drey tör aller stym̄ der zwayer geschlecht.

Der ffierdt kor.

Der fierdt tor ist ledig/ongegriffen Bringt mit in bfahumt dē spacio vnd wirt mit einer ziffer bezeichnet die drey dū in der zale also stet 3.

Greiff vnd schlage oder zwick vff den fierden tor/in dem ersten Bund/das Bringt fa in csolfaut diāt/vnd wirt mit eynem clainen e Bezeichnet.

Greiff vnd schlage vff dem fierden tor/in dem zwayten Bund/das Bringt dir mi in csolfaut Cromāt/vnd wirt mit einem schlechten b Bezeichnet.

Greiff vnd schlage vff dem fierden tor/in dē dritten bund dz bringt dir blasolre diāt/vnd wirt mit einem n Bezeichnet.

Greiff vnd schlage auff dē fierden tor/ in dem fierden Bundt/ das Bringt dir fa in clami/Cromāt in der linien vnd wirt durch ein a Bezeichnet.

Greiff vn̄ schlage vff dē fierdē tor/in dē fünfftē Bud/das Bringt dir mi in elami der linien diāt/vn̄ wirt durch eins bezaichnet/das ist mit dem 4 ein vnisonus

Greiff vnd schlage vff den fierdē tor in dē sexten Bund das Bringt dir fa in ffaue dem spacio diāt vnd wirt durch dupel ee Bezaichnet ist vnisonus mit dem d.

Greiff vn̄ schlage vff dē fierdē tor/in dē sibendē Bund/das bringt dir mi in ffaut Cromāt/in spacio vnd wirt durch dupel bb Bezeichnet ist mit dem i vnisonus also hast du nun alle stymen der zwayer geschlecht vff fier tören.

Der ffünfft kor.

Der fünfft kor ledig ongegriffen Bringt Elami/vnd wirt durch ein ziffer bezeichnet die stet in der zale gilt als do stet   4
Greiff vnd schlage vff den fünfften kor in dem ersten bund dz bringt dir fa in ffaut/dem spacio Diat vnd wirt durch ein d Bezaichnet
Greiff vnd schlage vff dem fünfften kor in dem zweitē Bundt das bringt dir mi in ffaut/dem spacio Cromat vnd wirt durch eyn i bezeichnet
Greiff vnd schlag vff den fünfftē kor in dē dritten bund das Bringt dir g solreut Diätlin der linien vnd wirt durch eyn o bezeichnet
Greiff vnd schlage vff den fünfften kor/in dem fiertden bund/das bringt dir fa in Alamire Cromat. vnd wirt durch ein t bezeichnet
Greiff vñ schlage vff dē fünfften kor/in dē fünfften bund/dz wirt mi in alamire Diät/vñ durch eyn z bezeichnet ist vnisonˀ mit dem 5
Greiff vñ schlage vff den fünfften kor/in dem serten bund/das Bringt dir fa in bsabmi der linien/vnd wirt durch duppel dd Bezeichnet ist vnisonˀ/mit dem e
Greiff vnd schlage vff den fünfften kor in dē sibēden bund das Bringt dir mi in bsabmi der linien/vn wirt mit dupeln ii Bezeichnet ist vnisonus mit dē t. also hast du fünfft kore.

Der Sechßt kor.

Der sechßt kor ledig ongegriffen Bringt mi in alamire diat/vnnd wirt durch ein ziffer Bezaichnet die fünfftē in der zale gilt als do stet   5.

L iij

Greiff vnd schlage vff den sexten tore in dem ersten Bundt/das Bringt dir fa in bfabmi der linien vnd wirt mit eynem e Bezeichnet.

Greiff vnd schlag vff den sexten tor/in dem zwayten Bundt/das bringt dir mi in bfabmi der linien vnd wirt durch ein k̄ Bezeichnet.

Greiff vñ schläge vff den sexten tore/in dem dryten bundt/das Bringt dir fa in csolfa diāt/vnd wirt durch ein p bezaichnet.

Greiff vnd schlage vff den sexten tore in dem fierdē Bund/Bringt dir mi in csolfa Cromāt/vnd wirt durch ein v Bezaichnet.

Greiff vnd schlage auff den sexten tor/in dem fünfften Bundt/das bringt dir blasol diāt/vnd wirt durch ein 9 Bezaichnet.

Greiff vnd schlage auff den sexten tor/in dem sexten bundt/das Bringt dir fa in ela Cromāt/vnd wirt durch dupell ee Bezaichnet.

Greiff vnd schlage vff den sexten tore/in dem sibendē Bundt/das Bzingt dir mi in ela diāt/vñ wirt durch dupel k̄k̄ bezaichnet/Also hast du alle stymen Baiderlay geschlecht auff allen toren/vnd Bünden/du magst auch ausserhalb der Bünd noch vil hoher gan/aber do ist k̄ ein gewisse regel meer/vñ sunderlich d' quintsayten/Darum wil ich auch nit weitter dar von schreibē.A. Wolan das ist mir clarlich genug fürgeschriben/aber so hab ich doch noch eyn clainē mangel vñ ist das Du sagst mir võ etliche Büchstabē vñ ziffern d' tans ich kauns vor dem andern kēnē des giß mir vnderrichtung/So wil ich dan des zü friden seyn. Se. Du sagst recht/es synd woll ettliche Büchstaben die gleich als die zyffern oder die zyffer als

die bůchstaben gemacht werden/ Vnd so ich mich Bedenck/ so find ich d' dreyer
lay/ Zů mercken/ So man eyns in d' zale Beschreibt mit ayne strich/ darnach das
2. vnd zů dē drytte das 3. Dar von soltu wissen das die lutznisste zwaierlay eins
haben/ das erst mache sye ein langen strich vnd zway pünctlin darüber als do j̄
vnd haissen das d's groß ayns/ Das ander ains das mache sie mit eine schlechte
stríchlin frey on alle zů satz/ vn̄ nenne das d'z claine ains als do stett i/ darnach ma
chen sie ein clains kurtz stríchlin/ vn̄ ein claine pünctlin daruber das haissen sye
eine vocalen welcher d's neünd bůchstab in dē alphabet ist also gemacht i/ Vn̄ der
dryt vn̄ d's fünff vocalē/ Zů d's andern/ so findt die 2. vn̄ die t auch zwayerlay ge
miert e/ Zů dē dritte/ So neme sye das für ein ziffern also gemacht 2. vn̄ das für eine cōsonātē also gefor
miert z/ vn̄ mache dan das für ein cōsonātē also zwaifaltig geformiert z/ vnd
das ist alle vnderschaid das dich irre mag/ Sunst weiß ich nichts mer das du Be
durfftist zů d's tabulatur d's lautē/ Dan̄ das du die noten wie für dich nemest welche
lang oder kurtz sind als ich dir auch vō dē clauicordio hab gesagt/ vnnd so ich aber
vor genůg das vō gesagt hab/ So ist es hie nit nott wie zů repetirn/ Darum̄ wil
ichs dar bey loffen bleibē/ vn̄ dir dise ding/ die ich dir für geschribē hab in so schö
nen figuren für legen als ich waiß das noch nit geschehen/ gehört/ oder möglich ge
achtet zů machen ist gewesen/ als dan̄ da her nach folgt/ Zů dem erstē Scala my-
sicalis mit allen zeichnen vnd bůchstaben des tragens der lautten/

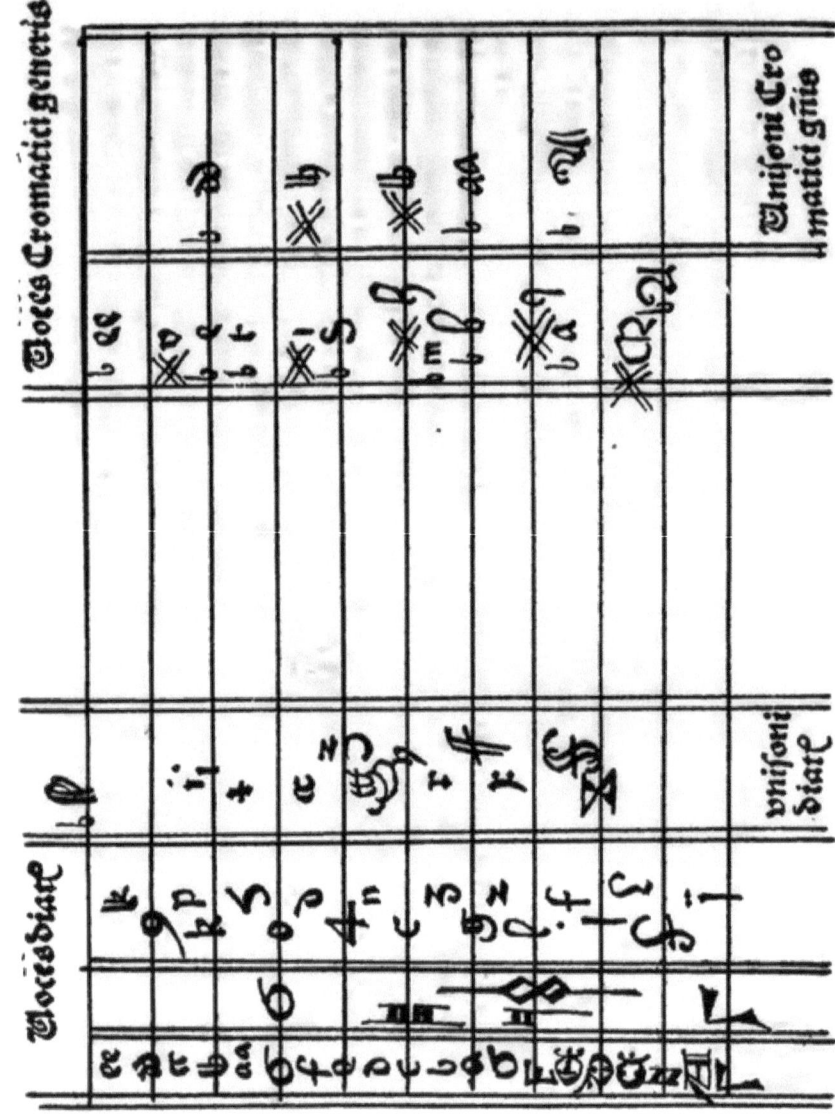

Auß diser figur vermayñ ich/du solt genug verstan was jettlicher Buchstab sei/ vnd auff dē tragen der lautten bedeutt/das du alweg der Buchstabē eynē für die lynien oder für das spacium/darynnen dye note geschribēn stett/in dye tabulatur setzen solt/Damit du aber das noch das verstandest/So will ich dir noch ein ander figur für legen/Darinnen du auch alle buchstaben/die du vor auff dem tragen der lautten/vnd itzundt in der hende oder laittern Guidonis beschriben sichst stan/Die soltu auch alle in der nachfolgenden figur iettlichen uff seynē aygenen tore/vnd in seinem aygnen Bund/dar zu in seynē rechten linien/vnd in seinem spacio finden gesetzet das ich main/du solt dich woll darauß richten/So du die figur recht fleyssig an wirst schen/vnnd was dir daran gebricht/So vberlise nur das forder tail von der lautten/vnd lege die figur für dich/verhoff ich es soll dir leicht werdē. Also wend vm vñ sihe die figur ebē an/ich main sie sey gerecht/

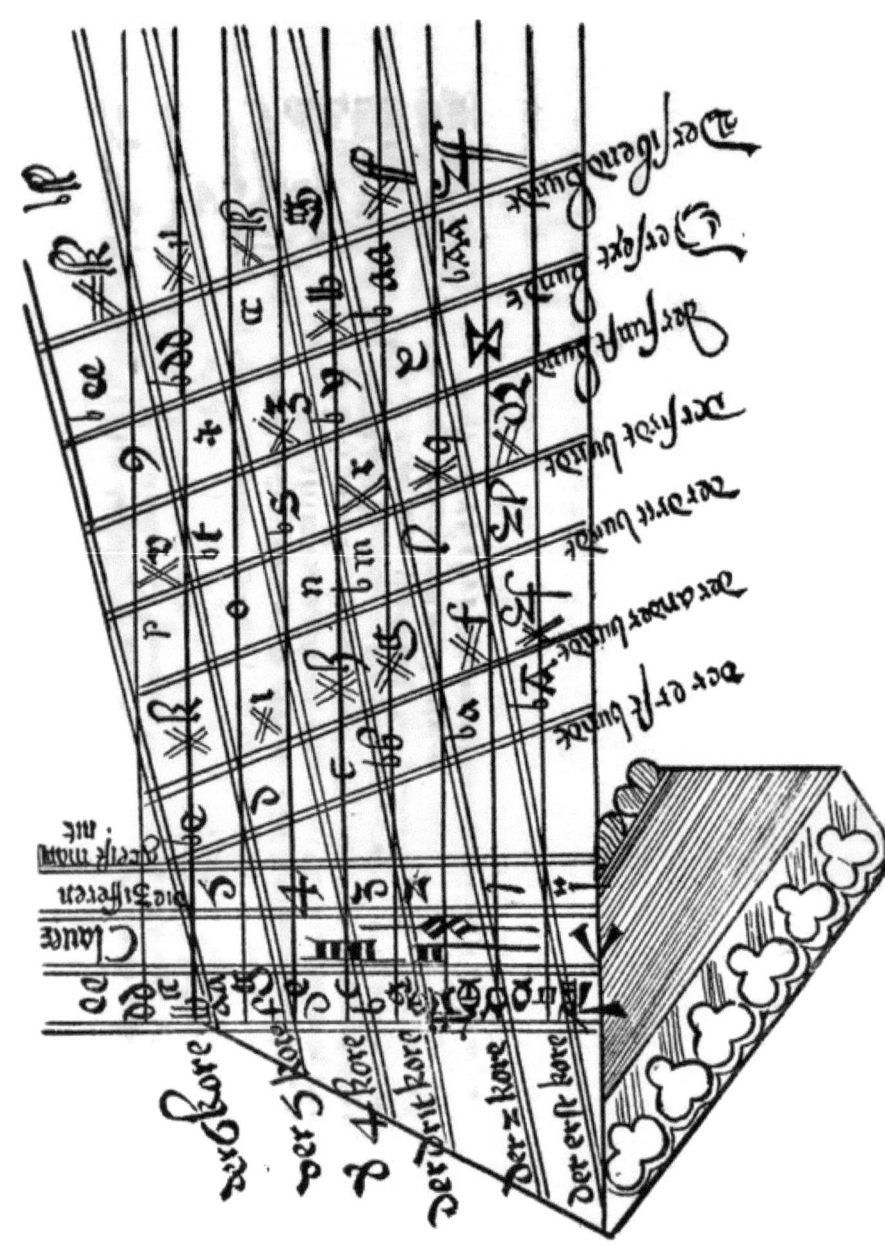

Ich main du habst nun des fürschreibes genüg/dañ ich nit mer waiß zü schrei
ben von diser tabulatur mit aynlaffattē/aber in d' andern Büch will ich dir no=
ch dreyerlay tabulatur für legen/ vnd von dreyzehen faitten lernen tabuliern/
Darum so waiß ich nichts das dir hie zü gegen mer not seye/dañ das ich wider=
um das obgeschriben liedlin/O hailige/onbefleckte/zart vnd frawschafft marie/
dir in den noten fürlege/ Vnnd setze dir das in die tabulatur der lautten/Als
ich dirs vor in die tabulatur des clauicordy auch hab gesetzt/ Vnnd wie du sichst
das ich das liedlin gantz nach den noten hab tabuliert/Also solttu auch den ande
ren thon/die du lernen wilt/So will ich dir dañ in dem andern Büch auch eyn
Bessern modum geben/etliche stymmen zü diminuiren/das es nit so gar schlecht
bin gang/Darmit sey du genüg gesagt zü disem mall von diser tabulatur blaut
ten/So du dañ wilt magst du hernach weiter fragen/will ich dir von der flöten
auch sagen das mir wissend ist/Sich nur vor an das liedlin das her nach folgt/
wilt du vnnd gefellet dirs/So lerne es spylen. A. Wolan du gichst mir al
le ding ab/ vnd eylest zü fast/ye doch darfftu dich auch nit vbertreiben/darumm
setze mir das liedlin in die tabulatur/So will ich zü friden seyn/vnd dañ eynan=
ders anheben. S. Wend umb/So wirdstu thavon eß finden.

C ij

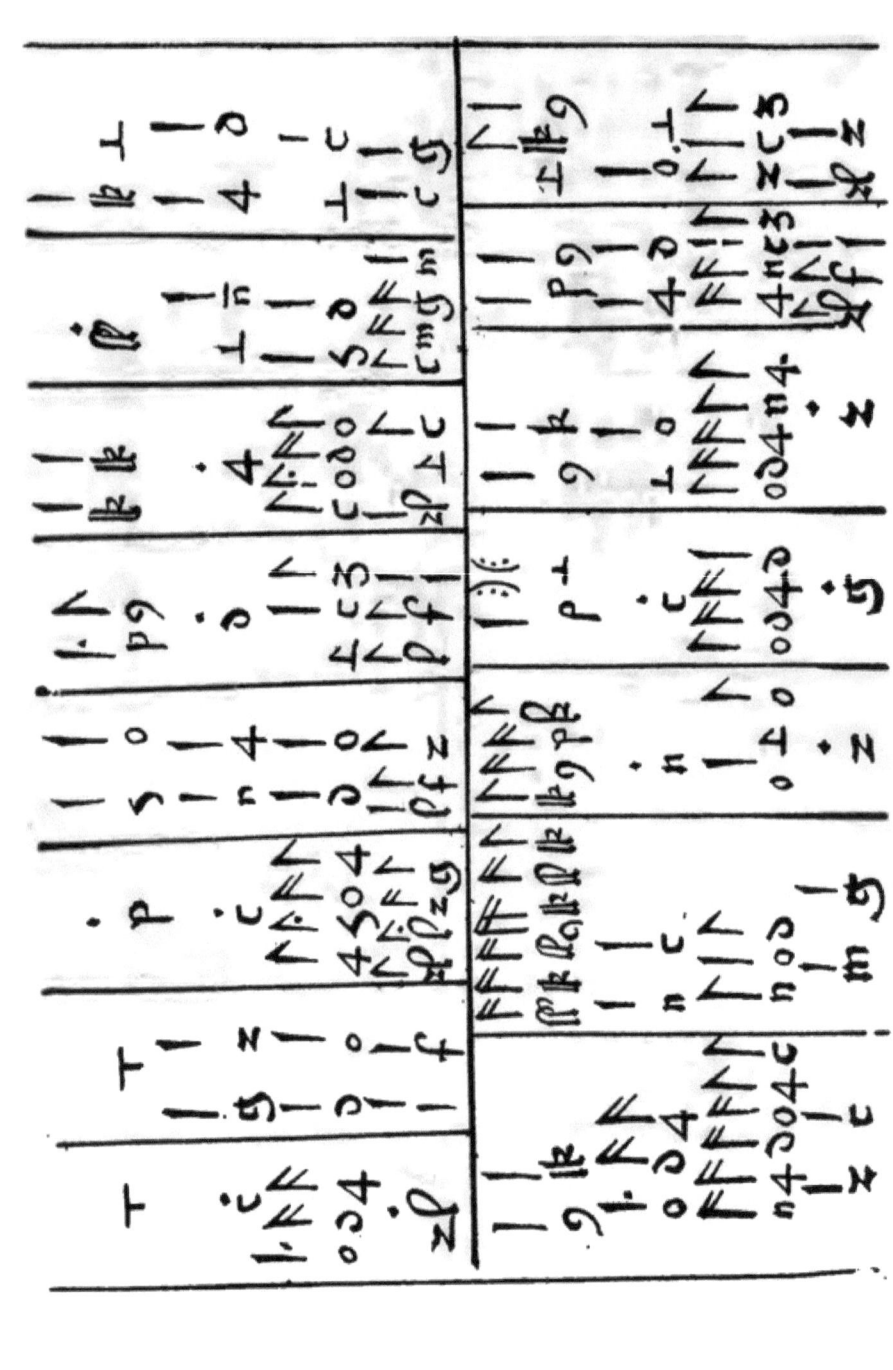

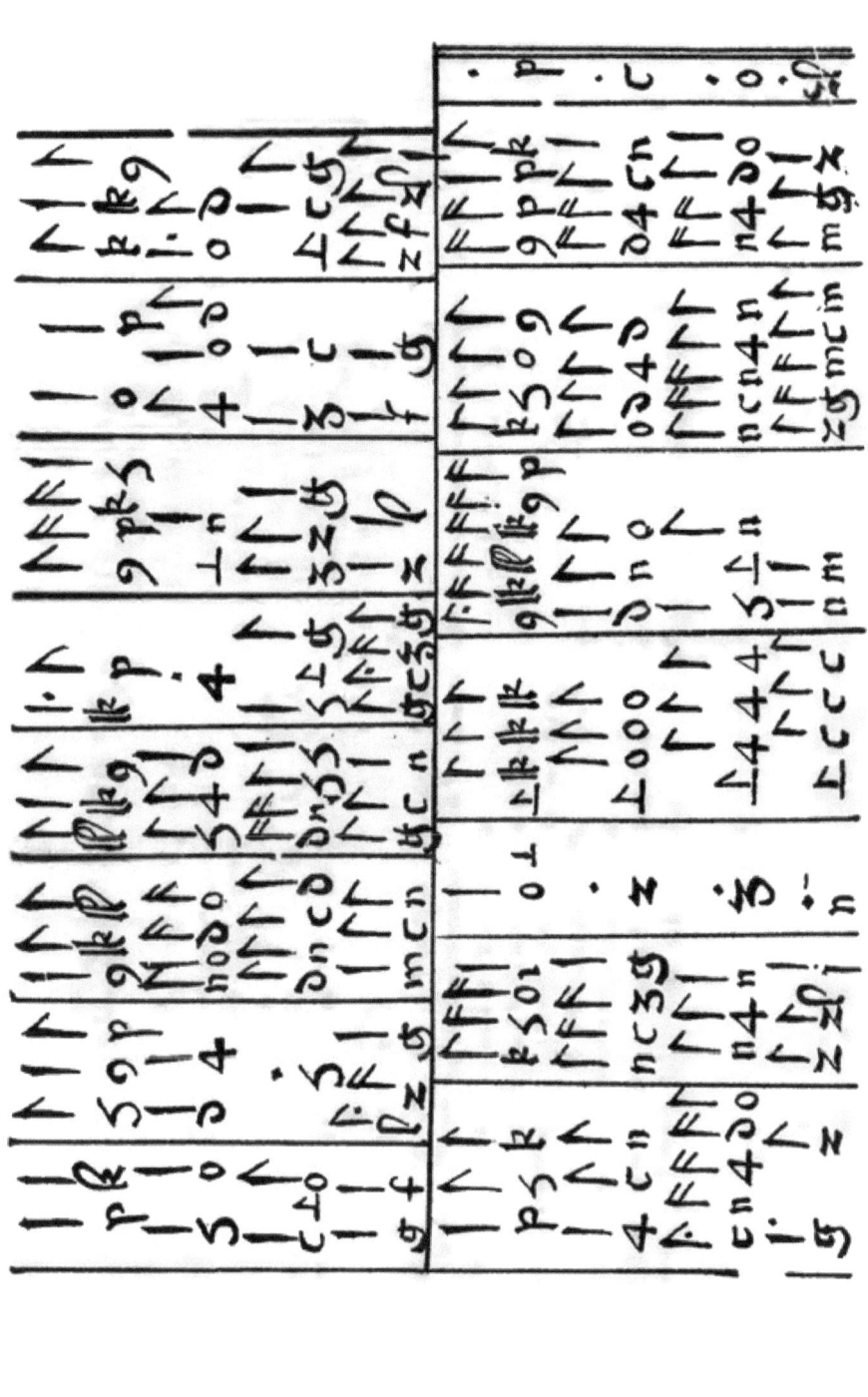

Hye fahet es an von der flöten.

A. Nun sag mir von der flöten/wie maß ich mich dar zu stellen zu lernē. Se. Uff der flöten zu lernen/Müst du zu dem ersten wissen/wie vil die selb pfeiff löch er müsse haben/Zum andern/wie man die finger uff die pfeiff sol llegen/Zu dem dritten/wie man die pfeiff bezaichnen soll/Zum fierden/welichs loch oder wie vil der löcher uff oder zu gethan müssen werden/das sie eben die stymm zingen die du haben wilt nach den zwayen geschlechten/Diät und Cromät/So du dan wayst zu greiffen/So müst du auch die zungen lernen/die auch zu der flöte gebraulich/ mit sampt den fingern appliciern gleich mit eynander zu lauffen/uff und abe/oder mit sprungen/wie sich dan das begeit. A. So sag mir wie vil hat die flöte löch er die man auff vnd zu müß thon. Se. Die flöten haben gmainlich vnd ē zway löcher gleich gegen einander stan/und die mach ē man darumm gleich gegē eynan= der/Dañ ettliche pfeiffer die sindt gewonet/Die recht handt oben vnd die linckt handt vnden auff der pfeiffen zu haben/vnnd die selben machen das loch auff d rechtē seytten zu mit wags/Ettliche syndt gewonet/das sye die linckt handt obē/ vnd die recht vnden haben/vnnd dye machen darn das loch mit wachs auff der lincken seytten zu/Also werden die zway löcher darum gleich gemacht das sie ey nem iettlichen/er sey lincks oder rechts gebzeülich mogen sey/vnd darum rechtz net man dye zway löcher nur für eyns/daß welches man vnder den zwayē vff dût/ So můß mann das ander dargegenn zů thonn/ der selben seytten löcher ayns welliche man will/dem selbenn kurtzen finger nach/So macht man die selben zway locher/vff die seytten der pfeyffē/ vnd mit in die mitte als die andern Das man sye mit dem clauuen oßfingerlin erraichen moge/ Darnach auff das ander loch der flöten hyn auff zů gan/gehört annularis / das ist der gulden ring finger bey den gelerten oder der goltfinger genannt/ Darnach auff das drytt loch von vnden an hyn auff zů gan gehört der mittler vnder den fünff fingern ß hende/ Darnach vff das fierd loch der pfeiffen gehört der zaiger der vndrysten hende/ Nun forter hyn vff zů gan vff das fünfft loch der pfeiffen gehört der gold finger der obristen hende/ Vff das sechst loch der pfeiffen/hin vf zů gan/gehört der mittler finger der obristen hend/ vff das sibend loch gehört der zaiger der an dern hend die die oberist ist/ Darnach hat die noch eyn loch hynden vff d pfeiffen/ Darauff gehört der daume der obern hende/Als du in dise figur gemalet sichst/ zwayerlay figuren der hende.

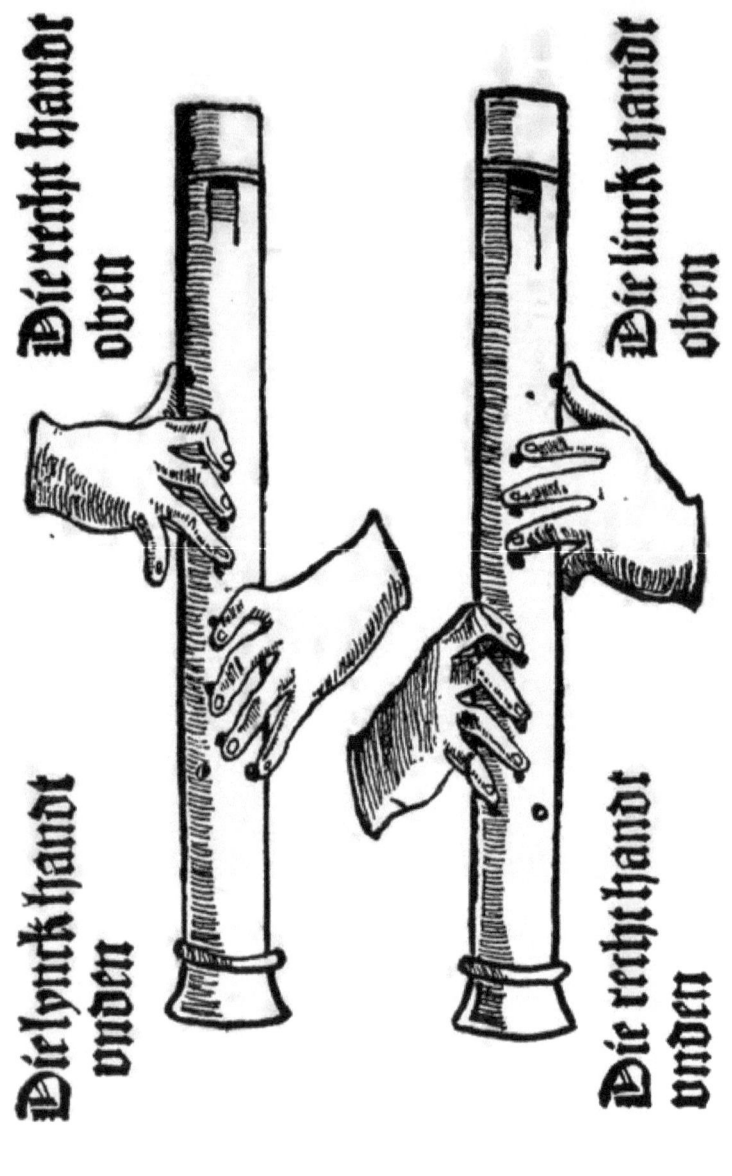

A. Das versteh ich auch wol/wie mich sich nun die flöte bezeichnē. Ge. Ich hab in dē andern Büch eyn iettliche flöte einbesundre verzeichnuß vñ figur gmacht Sē discant eine Besunds/dē tenor ein besundere/vñ auch dē Bassoтa/Nach dem dan discāt alle flöte zu samē gestympt werdē/vñ die selbe verzeichnuß figuren sind vnser musica etwas mer enlich oder gleichformig/Der Büchstab halb die ich zu dē löchern han gemacht/dā die gegenwertige zaichē dz ziffer Doch so mach ich die verzeichnuß allain darumb mit den ziffern/Das man die zu alle flöte brauchen mag/es sey L̄ tenor Bascōtra odr Discāt/Nach dē du aber acht löcher vff d' flöte hast/So wolle wir gleich die ersten acht ziffern in acht löcher dar zu nemen/vnd zu den andern zwayē lochern (die doch nur für aine gerechnet werdē/vñ darauff das ōfinger lin gehört) welle wir ein ziffer machen/vñ darauff das zal gilt als o sicr. 1   Zu dem andern loch darauff des goltfingers gehört/welle wir ein ziffer machen die zway in d' zal gilt als do sicrt. 2   Zu dē deitten loch/darauff der mittel finger gehört d' vn= dristen hende welle wir ein ziffer mache/die drey in d' zal gilt als do sicrt. 3   Zu dem vierdē loch/darauff des zaigers d' vndristen hende gehört/wellen wir ein zif= fer machen die fier ein in d' zale gilt als do sicrt. 4   Zu dem fünfftē loch/ darauff der goltfinger gehört der andern hend die die obrist ist/wellen wir ein zif= fer machen die fünff ein in d' zale gilt als do sicrt. 5   Zu dem serten loch/ darauff der mittel finger der andern hend gehört/wellen wir ein ziffer machē die sex in d' zall gilt als do sicrt. 6   Zu dem sibendē loch/darauff der zaiger der obern hend gehört/wellē wir ein ziffer mache die siben in d' zal gilt als o sicrt. 7

Zu dem achten loch/das hinden vff der floten stat/darauff der daume der oberen hend gehört/welle wir ein ziffer machē die acht in d'zale gilt als do steet.

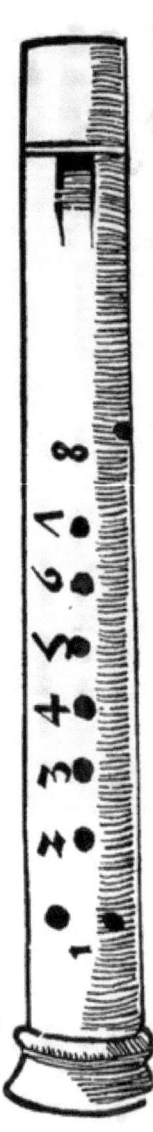

A. Wolan du hast mir genug gesagt von der application der finger vff die flöte/des gleichē wie ich die pfeiffen bezeichnen soll/Nun sag mir wie vnnd wo ich die stym druff sol suchen vnd finden. B. Du mustwissen so man zwo oder drey floten zu samen stympt/So muß die clain flöte des discants alweg ein quint ober die mitler flöte des tenors stan/Des gleichen die flöte zu dem Bassotra muß auch ein quint vnder den tenor stan/Darum so vil ich die linien vñ spacia für machen/Dañ die synd gleich in dedreyen quintē.Exem/Als so ich dē Bassotra an dem fa vnder dē gamaut anfang/vnd den tenor darob in csaut in spacio/dana ch den discant ein quint ober dē tenor/Das wirt solerut in spacio/Des gleichen die euff linken in dem Bassotra die vut gamaut/der tenor daruber ein quint in dsolre/Und dan der discant ayn quint ober dem tenor/das wirt alamire in der linien/Und also forter hin vff zu gan/So ist ein flöte/schir eben gleich als die ander/So sie anderst ir rechte maß der lenge der wyte auch dar zů der löcher hat/Sunst nitt/allain der Baß mag nit so wol in die gellē oder in die höhe gestymet werdein als der tenor oder der discāt/Darum so wil ich dir bezznach ein figur für gebē darin wil ich die dreyerlay claues fürgebē vnder schidlich in die linie vn̄ spacia zů setzen/in der ersten zeile des discāts/vn̄ mitt leren des tenors/vnd in dhinderstē die claues des Baßcōtra/vnd die weill die selben drey flöte also beynach alsampt in der quintē durch alle stymen gleich sindt/So wil ich die cifferen der löcher auch ein mal in die selben linien vnd spacia setzen/vn̄ wie spē dan zů dem tenor gerecht syndt/Also werdē sie auch dem discant/vnd dē baßcontra gerecht in allen stymen/vnd also will ich anhebē vnd dir sagen võ dē vff vnd zůthun der löcher/vff der flöten/Damit du die stymē d obgemelter zwayer geschlecht gewißlich habē magst/Sust sag dir zů dem ersten/So du alle löcher d flötē zů dūst/vnd in die flöte pfeiffest/So wirt die aller vnderst stym lautē/die selbig stym mußt du in dem tenor haben für das . fa. in spacio diatē. vnd in dem discant als wo sy gsolfeirt in dem spacio diatē. Aber in dem Baßcōtra mustu sy haben für das fa vnd d ers gamant Cromā/vnd die selbig vndeist oder ny derste stym/Auff du in der figur vnd auch in der tabulatur mit einē zundē zir ckel vnd eine punctlin darin bzeichnen/oder mit einem o vnd einem pünctlin darin als do stett. ⊙ ⦿. Darumm̄iß die vndist stym̄ der flötē eyn Ber sunder zaichē in d tabulatur haben/vnd nit auch ein zaichē z ciffern als vol als die andern löcher. Ꝯ Darumb dā gleich als so in ᵹ z̄l gā nichts gilt

Sunder allein die ſtatt eyner zal erfüllet/Alſo ſoll es auch hye zů gegen d̕ geſchehē loch kains bezaichnet/Sunder allain ein freye ſtym̄ d̕ flöten/Als ob ſie gar kaynn loch hette. A. Was thůt dan̄ das püncklin in d̕ mitte des zirckels. Se. Das bedeütt die vnderſchaid võ d̕ ſtym̄/welche die flöte geit/So mā alle löcher vff dūr die ſelbig ſtym̄/Die wirt dan̄ auch durch kayn ziffer bezaichnet/Sunder durch ey nen freyen zirckell/oder als eyn   o   als do verzaichnet ſteet vff de$\mathfrak{u}$ flöten.

A. Nun ſag mir forter von den ſtym̄en hyn vff zů gan vff d̕ B flöt. Se. Nun thů das erſt loch allain vff/vff welches des clain orfingerlin/mit ayner ziffern bezei chnet iſt/die eine in der zale gilt als do ſteet 1 So bringt dir das ayne gantzē thō vber die elff ſtym̄ d̕ flöten/So alle löcher zů ſyndt/Vn̄ die müß in dē tenor ſollē in dē diſcāt a la mi re/vn̄ in dē baſſ $\mathfrak{s}$ contra gamaut ſeyn/vn̄ wirt in d̕ nachfolgēdē fi gur da zů in d̕ tabulatur auch mit einē ſchlechtē ſtrich bezeichet als oben ſteet. Nun höcher vff zů gā/So thů das erſt loch wid zů/vn̄ d̕ zwayt vff/das geyt die are Cromat/vn̄ in dē diſcant fa in bfabmi dē ſpacio/Vnd die ſtym̄ wirt in d̕ ein ſemitoniū/das iſt fa in elami Cromat in dē tenor/aber in dem baßſchlüſſel es fa in nachfolgēdē figur als in d̕ tabulatur mit ainr ziffern bezaichnet die in der zale ij

zway gilt/aber noch muß ein strichlin dardurch gan/gleich als wer es halb abge
thon als do stett. ⸭ 21. Warumb muß das sein. Ge. Uff das dz man die
zway etlay ziffern die zway bedüten/vor einander/oder auser aynander erkennē
mög/vnd so das nit neue dañ ein minder semitoniū ist/So vil ich auch durch daſ
dz solliches semitoniū bedeüte soll/eine strich mache/der das selb halb tail des mīn
dern semitony anzegeben soll/vnd so dick ich durch eyn ziffer ein strichlin thū
das soll myr altweg nit mer dañ ein semitoniū bedeüten/Wo aber ein gāze zif=
fer frey on vertzogē ode durch strichen stat die soll mir altweg einen gantzē tho
bedeüten/ ⸭ Ein forte auff zügan/So tūß die erste ßtē way locher vff durch das
or fingerlin vnd der einfinger ist geordent das gerdie mi ī de dami/in de re=
nor/aber in dem Bass wie in tabulatur durch ayn ziffer Bezaichnet. Die zway in Za
spacio/vnd das wie in tabulatur Ein in dem discante mi in b sa mi dē
le gilt als do stett 2 Aber in dē figur mach ich zwo ziffern also 2j. Darnach thu
vff das dryt loch/vñ das erst/das geit dir fa in faut der linie in de tenor/vnd
fa in c solfaut/sidiat ein dem discante/aber in dem Bass fa in b mi/Tromas vnd/daſ
wue in der figur durch zwo ziffern bezaichnet/die erst die drey in der zal gilt x die
ander die ains gilt als do. 31 Aber in der tabulatur/wie er sye allayn Bezaichnet
mit aynerziffer die drey in der zal gilt vñ mir aynem clainē strichlin durch zo=
gen als do stett ⸭ ⸭. Daltbalt/das kan ich nit vas tan. Sol ich das drit
loch vnd das erst auff thun/vnd die andern zü lassen/vor auß/du gesagt ich soll
das zway loch auff thon vnd das erst zū lassen/vnd das bezaichnest du also.

A. Vnd ietzt sagst du aber võ zwayen vnd eina vna vñ vberhupffest das mittlere/Vñ als ich ſi
he ſo duſt du etwan drey etwan fünff/etwan ſex löcher/etwan alle auff/
Wie weilt du mir die ſelbẽ ſtymen durch ein aynige ciffer bezeichnet zü kennē gebē
das ich die recht ſtim finde/des berichte mich recht/So darffſtu nit weiter fragē
darnach. Ge. Des wil ich dir gar ein kurtze regel gebē/Das du nit weiter frā
gen darffeſt/vñ iſt die/So offt du ein ziffer in die tabulatur ſetzeſt/welche d' ſtym
men an der löcher eyns bedeutt/Sey welche das es woll/(wañ die ſtym ein gãtzer
thon iſt mercke eben) So müſſen alweg die andern löcher alle ſampt darunder/ob
die ziffer ietzliches der die minder oder clainer ſinder vffgethon werden/als wan das
ſext loch offen ſolt ſeyn/vnd ein gantzerthon wer/So müſt du das fünfft/dz fiert
das drit/das zwayt/vnd das erſt/die alle offen ſeyn/wer es aber das dz fünfft
loch ein gantzerthon wer/vnd fünffte in die tabulatur geſetzt wurde/So müß dz
fierdt/das drytt/das zwayt/vnd das erſt vff gethon werdē/Jſt es aber ein ſemi
toniũ/So müß alweg das nechſt loch vnd de das die ziffer bezaychnet zü gethon
Bleiben/vñ ſunſt die andern darunder alle offen. Als ſo das ſext loch ein ſemitoni
um were ſo müſt das ſelb ſextloch offen Bleiben/vnd das fünfft zü/vnd darnach
das fierdt/das drytt/das zwayt/vñ das erſt alle offen bleibē/wer aber das fünfft
eyn ſemitonium/So müß das fiertdt alweg zü Bleiben/vnd das fünfft/das ſert/
das dritt/das zwayt/vnd das erſt geoffnet werden/Darum muſt du allain der
ſemitonia war nemen/vnd dich der regeln halten/Es iſt auch nit nott das man
eyner ietzlichen ſtymmen/alle löcher die auff gethon ſollen werden/alle ire ziffern

in die tabulatur setze/ Dañ manche stym̄ mit wolt fünff/ sex oder sibē ciffern haben/ Als ich dañ in d' nachfolgenden figuren anzeige/ aber das wer mit sentlich/ Darum so setze ich die ziffern allain in die figure/ Das du die stym̄en leichtlich darauff magst suchen lernē vnd greiffen/ Auch die selb also der gedechtnüß ein= bilden/ vnd so du die gefasset hast/ So solt du dañ alweg die erst ciffer der selben stym̄ in die tabulatur setzen/ Ist es ein gantzer thon/ So darffst du nit mer dañ thů das selb loch der ziffern vnd alle andere darauber auff/ vnd setze die erst zif= fer der selben stym̄ allayn gantz frey/ vnnd onverzogen in die tabulatur/ Ist es aber ein semitoniū/ So halt das nechst loch darunder zů/ vnd mach ein strichlin durch die auff ziffer in die tabulatur.   A.   Wolan ich main ich wels behalten nūn laß vns forter hyn auff gan/ vnd zayg mir weyter zů greiffen.   Se.   Nun thu das dartzů/ das zwayt vnd das erst loch auff vnd pfeiff/ das geit dir mit im flaur d' linien auff dē tenor/ vnd pffem discanremi in c/ solfaut C tornā./ Abe in dē Baß geyt es dir mi in hmi diāt/ vnd das wirt in der figure mitt dreȳ ziffern bezaiche net Also   3 2 1   in der tabulatur allayn mit eynem   3   Nun thu die vnd eist hand gar hyn wege/ So send hier löcher auff/ das fierdt/ das dreut/ das zwayt/ vnnd das erst/ Vnd die stym̄ hayssen die pfeyffer zum halben ffn/ vnnt in dē tenor a solfa ut in spacio/ in dē discār diasolrē/ vnd uff dē Baß c/ solfaut/ wiet auch in tefi= gure mit fiern ziffern bzaichent als do stett   4 3 2 1   Abe in der tabulatur allein durch eyn ziffer als do stett   4   Und also magst du die andern stym̄ des discā̄z

vnd auch des Baß contra alle saitnet nach dem Tenor schir gantz gleich auff ey=
ner pfeiffen als vff der andern finden/Dañ das der Baß nit so wol in die gelle
mag als die an deern pfeiffen/Darum will ich allayn fortter von dē tenor sage/Du
wirdst dich wol mit den andern pfeiffen darnacht richten/So du die figur für di
ch nympst/Darin ich die alle stimen cleerlich für lege/Darum will ich von kürtze
wegen die andern stymen lassen/Dañ die pfeiffer gmainlich in d' quint gleich sol
len seyn/ Nun fortter z' ů gan/So kumpt eyn semitoniū vnter fa in alamire/
C tomār/do mußt du vier löcher vff thon/das fünfft/das dritt/das zwey/vñ das
erst/vnd wirt in der figur mit den selben vier ziffern bezaichner als do stet. 5321
Aber in der tabulatur allayn mit ayne[m] ziffern die fünff Bedeüt/vnd eyn clains
strichlin dar durch gezogen als do stet   . Darnach kumpt das mi in alami=
re diāte/mußt du fünf löcher vff thon das fünft/das vierdt/das dritt/das zwayt
vnd das erst/ vnd wirt in der figur durch fünff ziffern Bezeichnet. 54321.
Aber in der tabulatur wirt es durch eyn aynige frey e ziffer die fünff geilt Bezeich
net als do 5 Darnach folget bernach bedas fa in b fa mi mußt du fünff löch=
er auff thon/das sexte/das fierde/das dritt/das zwayt/vnd das erst/vnd wirt in
der figur Bezeichnet mit den fünff ziffern   65432 j   Aber in der tabu=
atur allain durch eyn ziffer die sexe gilt/vnd ein clains strichlin dar durch als
do   Darnach kumpt das mi in dem b fa mi Dar zů mußt du sechs löcher
auff thon/das sext/das fünfft/das fierdt/das dritt/das zwayt/vñ das erst/vnd
die stym wirt in der figur mit den sex ziffern Bezeichnet. 654321   ůner=

tabulatur allain mit eyn ziffern die sere in der zale gilt als do stett   6   Dar-
nach tumpt das sa in c solfaut diat/Das syr-
benn/das fünfft/das siebendt/das dreyt also Bezaichnet.   Das zu muft du sechs lochet uff thon/vnd das sirt in
der figur mit sex ziffern also Bezaichnet.   7 5 4 3 2 1   Aber in der tabulatur allein
durch eyn ziffern die siben in der zale gilt mit eynem clainen strichlin durch zu
gen als do stett.   ☧   Darnach tumpt mir in c solfaut Cromat/dar zu muft du
siben löcher auff thon/das siben/das sext/das fünft/das siert/das dryt/das
zwayt/vnd das erst/Vnd das wirt in der figur durch die syben ziffern Bezaichnet
7 6 5 4 3 2 1   Aber in der tabulatur allain durch die ziffer die sybene in der zale
gilt als do stett   7   Darnach folgt blasolre diat/vnd dar zu muft du alle löcher
vnden vnnd oben uff thon/vnnd das selb zu Bezeychnen in der figur gleych als
in der tabulatur/So soltu allayn ein rotund en ziertel machen on allen zu sats t
soll die Bedeütten ein frey stym die die flore geyt ongegriffen/Darum macht man
gar nichts dann eyn seyn zirckel: O   Hab ich nun alle stymen d floren in die bo
he vnd in die nidere zugan/So die Bezaichner löcher alle in die figur vn tabu-
latur in der ordnung gesetzt sindt.   Se.   Heyn/du hast noch eyn gantze quin-
ten hohe grad arim auff zugan durch alle semitonia der zwayer geschlecht obge
meldet wie du aber die in der figur vnnd darnach in die tabulatur solt setzen das
hat ein sunder vff mercken.   A.   Das sag mir auch des Bit ich dich.   Se.   Wol
an ich veil die das auch mit kurtzen worten fürgeben/vnd da ein regel setzen das
ist die/So vil du nun hocher hin auff steigt gan/So muft du das achtrist loch dar

Auff der baum der obrissten hend gehört alweegen halbē taill zů vnd halbē taill vff
thon zů allen stymen/vnd die selbeu stymen haissen auch die stymen der gelle vff
der flötē/vnd die sind gerad eben/zů finden/zů greiffen/vnd pfeiffē als
tr octauen her niden allayn das dz vndrist od hinderst baumen loch alweeg halbs
tail geoffnet sey/So hast du zů gan gerad in der octauen durch alle stym wie vor
Biß in das fa in b fa hm der linien in dem tenor/auch in dem discant Biß in das fa.
vber ela/aber in dem Baß magst du das nit erreichen/vnd vff das du das gantz
verstandest/So wellen wir fort rehin vff gan võ ff stym die d sol re ge tre fen ist/vñ
alle löcher geoffnet sind gewesen/So thů zů dem ersten das baumen loch halbs
auff/vñ widder das zway loch/das zů/das geyt dir fa in elami d lynien Cromāt
vnnd das soltu also in der figur bezaichnet finden/durch zwo ciffern/die erst ist
bey einander als do stett   82   Aber in der tabulatur die achte
§ Die ander zway/bey einander/ vnd ist die/ das du alweg für die ciffer machen solt/
hattes eyn anderer maynung/ ein halbs ringlin mit eynem püncktlin vber die ciffer machen solt/
in der zalegilt/ein halbs ringlin mit eynem püncktlin darinne Bedeütet das halb taill des achte
Das halb ringlin mit eynem püncktlin darinne Bedeütet das es
loch das alweeg geoffnet müß seyn/ Vnnd das püncktlin darinne von vnden an hyn auff
eben wider die ersten löcher von dem gantzen zirckel oder das selbig fa in elami
ist gan geoffnet müssen werden/vnnd also bezaichnest du das selbig fa in elami
nach der tabulatur mit eyner ciffer die zway gylt vnnd eyn strichlin dar durch
dar zů mit eynem halbem zirckel vber der ciffern mit eynē püncktlin als do.

Nun thu das daumen loch hinden/halbs vff/vnd darnach/das zweyt/ vnd das erst loch das geyt dir mi in clami diat/vnd wirt in der figur also fignirt 8 2 1 Aber in der tabulatur durch eyn ciffer die zway in der zal gilt/ vnd eynen halben zirckel mit eynem puncten darob als do steet.
Nun thu das daumen loch hinden vff dʒ pfeiffen halbs vff vnd halbs zu͂ dar nach das dritt loch vn̄ das euff das geyt die fa in ffaut dem spacio diat/ vnd wirt in der figur also Bezeichnet. 8 3 1   Aber in der tabulatur wirt es Bezeich net durch ein ciffer die drey in der zale dit mit eynem clainen strichlin dar durch gezogen/ vnd vber der zale ein halber zirckel mit eynem puncten
Nun thu das daumen loch hind͂ vff der pfeiffen vnd halbs vff vn̄ halbs zu/ das zu die erste vber lo͂cher/ das beyt/ das zwayt/ vn̄ das erst/ das geit dir mi in ffaut Cromā, vnd wirt in der figure also mit fietziffern Bezaichnet/ aber in der tabulatur allain mit eine͂ z͂ vnd einem halbe͂ zirckel vnd puncte͂ darob als do steet.
Nun thu das hinder daumen loch aber halbs vff an zu/ vnd auch das fierdt/ das dritt/ das zwayt/ vn̄ das erst loch/ Die geben dir das sol reut in d liniē diat/ das haissen die pfeiffer die gesles zum halben syn/ vnd wirt in der figur Bezeichnet dur ch fünff ziffern als do steet 8 4 3 2 1   Aber in der Tabulatur wirt es allain mit ey nem zirckel Bezaychnet die fixe in der zall gilt/ vnd ey ein halben zirckel mitt eynem puncten aff der selben zyffern Als do steet.   Darnach auch das fünfft/ das beyt/ das daumen loch vnd erhalbs vff vnd zu/ vn̄ wirt die fa in alamire Cromā/ vn̄ wirt in d figur durch fünff zwayt/ das erst/ das geit/ das zu die fa in alamire Cromā/ vn̄ wirt in d figure durch fünff

D ij

ziffern Bezeichnet als do stett   8 5 3 2 1   Aber in der tabulatur wirt die stym̃
durch eyn eynige ziffer Bezeichnet/die fünfft ein der zall gilt et mit einem halben zit
del und ein püncklin darob als do stett   ❧   Lun thũ das hindrist daumen
loch widerhalbs vff vnd halbs zũ/darnach auch das fünfft/das 6 fierdt/das dryt
das zwayt/als letzlich/das 8 gent dir mit in alamire diar/vnd wirt in der fi=
gur mit setziffern Bezeichnet als do stett   8 5 4 3 2 1   Aber in d' tabulatur mit einer
ciffer allain/die fünffte in der zale Bedeütet/vnd mit ein halbe zirckel mit eynem
puncten darob hab̃ als 3̇ do   Zu̇ dem letsten/So thũ diß hindrist daumen
loch aber halbs tail vff vnnd halbs taill zu dar bey müst du auch vff thon noch
fünff lother/das ferte/das fierdt/das dryt/das zwayt/vnd das erst/So wirt
die die höchste stym̃ der flöten/des tenors/vnnd wirt fa in b fa b mi der linien vñ
wirt in der figur durch sex ciffern Bezeichnet als do stett.   8 6 4 3 2 1   Aber in der
tabulatur wirt es durch eyn aynige ciffer bezaichnet/die sexte in d' zall Bedeüttet
mit eynem claynen strichlin durch zogen/vnd eynem halben zirckel mit eyne͂ pun
cten darob als do stett.   ❧   Also hast du nun alle stymen/vnnd wie du die vff
der flöten suchen solt/Des will ich dir zwo figur für legen/in der ersten die cyffe
ren aller stymen auff die zweyerlay pfeiffen/Darnach in der andern die zaychen der
stymen in der tabulatur   Damit wellen wir Beschlissen das Büchlin/

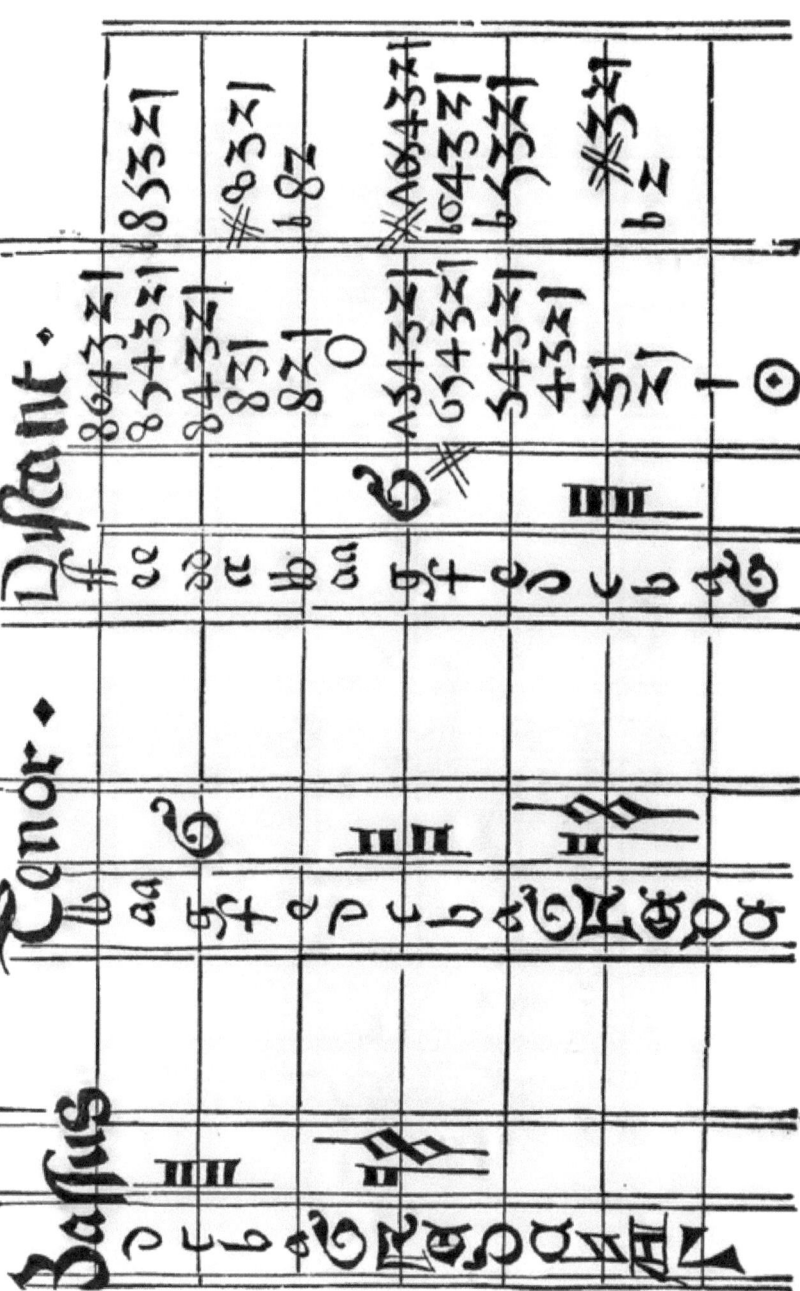

So bu nun etwas vff die flötē in die tabulatur setzen wilt/ So nym die zifferen $ letste figure für dich/ vn halt dich $ massen de valore notarū oder mit dē wert $ noteglich als ich dich han geleret da foren/ võ dē clauicordio/ So haff du das leichts zu lernē Damit laß dich zū disem mall genüge. A. Noch ist gar ein claui das ich frage müß/ des gib mir vnderricht/ vn darnach Beschleiß dein Büchlin se liklich/ du hast mir vornen ein liedlin mit fier stymmen für geben wann ich nun das gern vff die flören/ in die fürgelegt tabulatur setzē wolt was müst ich dann für ein flörē zū dē hoch cōtra habē. Sr. Du must wissen das magmeinlich fier flörē in eynē same macht/ das baiset man ein coppel zwē discant zwen tenor/ zwen Baß/ So must du anjedē den hochcōtra ob du in andt hohe/ vn nydere vff dem andern tenor mogst habē od nit/ hastu in vff dē florē des anderen tenors/ So darffst du der kainē mer/ gatt er aber zū hoch/ So must du dē ande ren discāt nemen zū dē hochcōtra/ vnd also das du vn ich auch die moge werden von den $ propheta Dauid anfenglich gesagt hat/ Selig ist das folck das die fro lockung kan/ das sich auch des mancher guter gesell mer Besser der auch der seli gen aine Begert zu werden wil ich dich dō mit gott Befelhen/ vnd mein Büchlin se liglich Beschliessen/ vnd Beger nie mer dañ wo ich getret het/ nymant dañ meine groffen vermeffenē vnsleiß vn vbersehen die schuld zu geben oß ich auch ymantt darin Belaidiget het wel mir das durch gottes wille verzeihē damit spar dich gott gesunde. A. Auch dich mein lieber Bastiam. Gott wuell dein lon sein. Sr. Amē.